ラクして
おいしく、
太らない！

勝間式
超ロジカル
料理

経済評論家
勝間和代

ACHIEVEMENT PUBLISHING

勝間式超ロジカル料理とは？

買い物

ネットで注文↓自宅へ配達

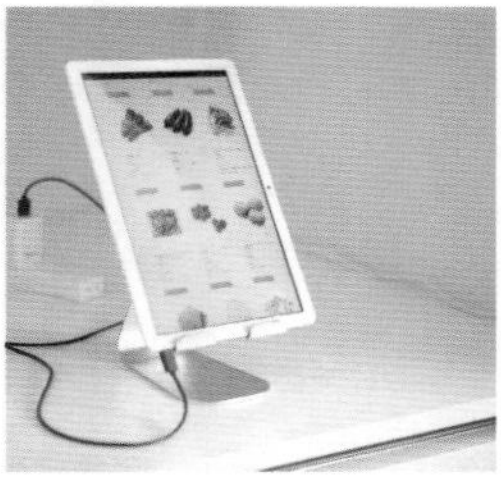

キッチンに常設している食材注文用タブレット。ネットスーパー「Amazonフレッシュ」で注文すると翌日〜翌々日には届く。

2、3日分の食料と、トイレットペーパーなどの日用品とまとめて注文して、こんな感じで届きます。これを自分で運ばなくていいのですから、いい時代です。

調味料

4種類だけ！

塩、しょうゆ、みそ、酢だけで味付け。油はオリーブオイル一択！

材料カット

穴あき包丁と専用カッターで最短

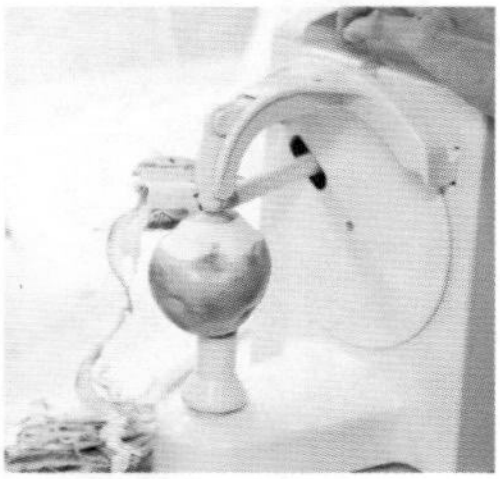

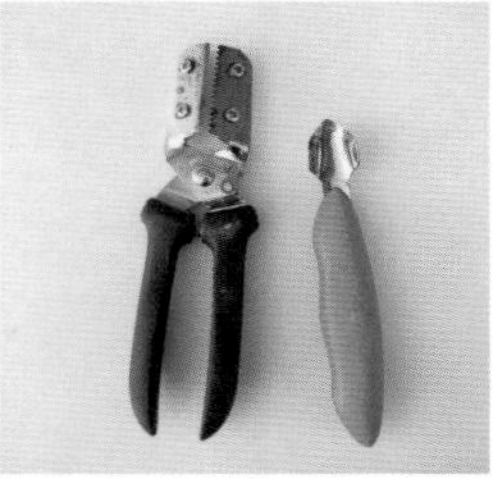

材料がくっつかない穴あき包丁、皮むき器、チョッパーなど材料を切る時短道具で効率化！

手を動かす時間は最大15分！

味付け

はかりで絶対おいしくなる塩分を計算

具材の総量に対して…
塩は0.6％
しょうゆは3.5％
みそは5％

計算はAIに頼む！

答えは、4.512gです

OK Google、752gかける0.6％は？

加熱

調理家電におまかせ！

焼くのはヘルシオのオーブンレンジ、煮るのはホットクック

↓

加熱中は猫と遊んだり、仕事したり、本を読んだり、他の家事をしたり…

↓

仕上がり

世界一おいしい料理がらくらく作れる♪

はじめに　鍋とフライパンを手放す勇気

「今よりもずっと、かける時間もお金も手間も少なくなるし、何よりものすごくおいしく仕上がる料理法があります」

もしあなたがそう言われたら、どうでしょうか。

時間や手間をかけて料理をすることが趣味です、という人以外は、そんな都合のよい方法があるなら知りたいと思うことでしょう。それほど、家事の中で料理が締める負担は大きいのが現状です。

本書は、そんな料理にかかる時間と手間を削減し、新時代に合うように更新した料理法をまとめたものです。

時間は最短、手間は最小、しかも毎回失敗なしの最高の仕上がりになる方法をこれからご紹介していきます。

そのために、**最初に実行すべきなのは、「鍋とフライパンを手放す」**ことです。

なぜ鍋とフライパンを手放す必要があるのか？　を説明する前に、経済評論家の私がどうして料理本を出すのか、疑問に感じる人もいると思うので先にお伝えしたいと思います。

私は前著『勝間式超ロジカル家事』で、極限まで家事を効率化する方法について記しました。家事にしぶとくまとわりつく「時間をかけて丁寧にやるべき」というバイアスを取り除き、効率化マニアである私がこれまでのビジネススキルを全力で注ぎ、コスパの高い料理法から片付け、家計管理法に至るまで新しい方法論を構築し、それをご紹介しました。

その中で、**最も解説に比重を置いたのが料理法でした。なぜなら、家事の中で最も負担が大きく、かつ最も幸福度を左右するのが、料理だからです。**

そのため、前著では料理効率化の思考と方法についてお伝えしたのですが、それから数年たった今、さらにその方法論がより更新されたことと、当時は具体的なレシピにまで解説が及ばなかったので、新たに本書にまとめ直し、「超ロジカル料理」最新版としてお届けすることにしました。

当然ながら、私は料理研究家でもシェフでもありません。しかし、先にもお伝えした通り、効率化、最適化、問題解決のためのフレームワーク構築においては、コンサルタントとして、経験と実績を持っています。

そして、料理については個人的に好きなこともあり、これまでに数百冊という専門書を読み、複数の料理教室へ通い、数え切れないほどの調理家電を自ら購入して、その使い勝手を確かめてきました。今では、調理家電メーカーからも声がかかるようになり、商品開発や調理家電体験教室などにも関わるようになりました。また、東京・五反田で「クスクス」というキッチンスタジオを経営し、「超ロジカル料理」を実体験してもらえるイベントなども行っています。

私がなぜここまで料理の効率化にこだわるのかというと、「家事の中で料理だけが進

化することなく、多くの人たちがいつまでも**古い調理法にとらわれているために幸福度が上がらないから」**です。

結婚しても、出産しても、働くことが当たり前になった女性たちにとって、日々の料理の負担の大きさは、経験のない人が想像するはるか上を行っていることでしょう。

子育て真っ最中だったころのかつての私も、その一人でした。

それは例えば、こんな時間の流れではないでしょうか。

仕事が終わってからスーパーにかけ込み、家族全員分の食料を買い、重い買い物袋をヒーヒー言いながら運び、ようやく帰宅（30分）。

↓

散らかった部屋は見ないことにして、

鍋とフライパンを駆使して夕食を作る（1時間）。

↓

食後は休む間もなく、シンクに山になった食器を洗う（30分）。

働くお母さんの日常はこのような流れでしょう。夕食にまつわるこれだけの作業を片付けるまで、だいたい2時間はかかります。

実際に、2016年に総務省が行った「社会生活基本調査」によれば、女性が1日に家事にかけている平均時間は2時間24分だそうです。そして、都市生活研究所が行った2014年の「生活定点観測調査」では、夕食を作る時間は「30分～1時間未満」が43・2%、「1時間から1・5時間未満」が34%と、約8割の人が夕食作りに30～90分かけていることがわかりました。

夕食だけでこれだけ時間がかかるのですから、1日に2～3回自炊する場合は、当然2倍、3倍の時間がかかることになります。

つまり、**1日2時間24分のトータルの家事時間のほとんどは、洗濯や掃除よりもずっと高い割合で、料理が占めていることは間違いありません。**

テクノロジーが進化した現代では、洗濯は洗濯機、乾燥は乾燥機のスイッチを押すだけ。掃除も掃除機がやってくれます。両方やってもせいぜい30分でしょう。もしロボット掃除機がある家庭なら、掃除だってスイッチ一つで終了です。家事の自動化によって、相当その作業負担は軽減されました。今時、洗濯板を使った手作業でせっせと洗濯物を洗う人はいません。

ところが、このテクノロジーの波が、なぜか料理に限っていつまでもやってこないのです。いまだに鍋とフライパンを火にかけて、せっせと時間と手間をかけて1時間前後も時間をかけています。鍋＋火という調理法は、人類が数万年前からやっていることです。ガスというインフラの登場で、ようやく火を起こすことからは解放されましたが、**料理においては洗濯板で洗濯をするレベルのまま、数万年前も続く火を使うという作業のままで進化することなく、置いていかれています。**

しかし、実は洗濯における洗濯機、掃除における掃除機のように、調理についてもスイッチ一つで煮物、焼き物、蒸し物ができる「調理家電」が今、かなり進化しています。それが、なぜか一般家庭に十分に浸透していないのです。こんな便利なテクノロジーがなかなか浸透しないのは、「鍋やフライパンでできるのに、わざわざ高いお金を出して機械を買うことはない」という考えが大きなネックになっています。

確かに私がこれから本書で推奨する調理家電は数万円します。しかし、洗濯機よりは安いですし、掃除機よりは少し高いくらいでしかありません。それで、最も負担の大きい家事である料理を軽減できるなら、安いものだとしかいいようがありません。

はっきりいって、高いバッグや洋服やアクセサリーよりも、車や腕時計よりも、調理家電の費用対効果ははるかに高いものです。家族旅行を1回我慢してでも導入するべきだと私は思います。

そのほうが、家庭の幸福度は確実に上がるからです。

私の勧めで調理家電を導入した人たちは、皆さんもれなく「もうこれがない生活は考えられない」「外食するよりおいしいからかえって経済的」「時間に余裕ができて精神的に楽になった」と言います。

鍋やフライパンでは、絶対に得られないメリットが、あなたの食生活を激変させることは間違いありません。

超ロジカル料理で、料理が格段においしくなる

鍋とフライパンを手放すことで、負担が軽減されるだけでなく、料理は格段においしくなります。

「料理は手間をかけるほどまずくなる」

これが、20代から自炊をし、ガスコンロやＩＨクッキングヒーターでさまざまな素材の鍋やフライパンを使い、約10年前から数々の調理家電を駆使してきた私の結論です。

料理で失敗しない最大のコツは、食材も調味料も調理法も、できるだけシンプルにすることです。

加熱も調味料も最小限にしたほうが、食材本来のおいしさを味わえるはずです。あ

れこれ何種類もの調味料を使って調理した揚げ句、素材の味がまったくしない、という失敗はよくあります。初心者もレシピ通りに作ろうとして、たくさんの調味料を使ったり、複雑な手順のために料理を失敗して嫌になってしまうのです。

人はどうしても目の前に触れるものがあると、手を伸ばして触りたくなる生き物です。フライパンで肉を焼くときも、焼き目がつくまで放っておくのがおいしく焼く基本中の基本！　と知っていながら、ついつい、いじってしまいます。

ある有名な実験を例にあげてみましょう。一人ずつ部屋に通されて「ここにただジッと30分座っていてください。どうしてもひまなら、電気ショックのボタンがありますが、とても不快なショックを受けますよ」と言われると、半分以上の人が何もしないことを我慢できず、不快な思いをするとわかっているのに、電気ショックのボタンを押してしまうそうです。まさに、人は何もしないことに耐えられないことを証明する結果です。

そんな私たちに「何もしないほうがおいしくなるよ」ということを教えてくれたのが調理家電です。食材と調味料を入れてスイッチを押すだけで、最適な温度と時間で調理をしてくれて、プロ顔負けの一品が出来上がります。朝仕込んでタイマーをセットしておけば、帰宅すると一品出来上がっている、という便利さに一度慣れると、それなしで生活できなくなるほどです。

これほど、核家族で共働きが当たり前となった現代にベストマッチした自炊スタイルはありませんし、一人暮らしでも仕事が忙しい人や料理が苦手な人にとっては、救世主のような存在になるでしょう。

一口に調理家電といっても、10万円以上する多機能のオーブンレンジから、数千円で買えるおいしい煮込み料理ができる電気鍋など、いろいろです。また、わざわざ買わなくとも、たいていのガスコンロに付いている魚焼きグリルだって、焼き魚だけでなく、スープや肉料理など、スイッチ一つでいろいろ作れます。

いきなり高価な調理家電を買うのが難しいなら、今あるレンジや魚焼きグリルや炊飯器をもっと使いこなすことからぜひ始めてほしいと思います。本書は、基本的には調理家電を使いますが、レシピでは代わりに手持ちの蒸し器や炊飯器、魚焼きグリルなどを使うアレンジについても触れています。

私はこれまで通り、鍋とフライパンで料理し続けるからいいわ、と思った人もいるでしょう。それは、**今までの調理器具代や手間をかけた苦労が無駄になる、という思い込みが意思決定の邪魔をしているせいかもしれません。**あるいは「手間をかけるほどおいしくなる」という幻想が、まだまだあるのかもしれません。

今まで投資してきたお金や苦労は、経済学用語で「埋没原価」、もしくは「サンクコスト」といい、すでに回収できないコストを意味します。

「せっかく○○したのに」「○○がもったいない」という思いが強過ぎると、新たな意思決定の材料に加わってしまい、誤った判断をしやすくなります。サンクコストは過去のもの、新たな意思決定は将来のものと、切り離して考えるべきです。

ただ、今までの料理経験すべてが無駄になるわけではないので、安心してください。私の場合、フライパンや鍋で料理してきた経験から得られた料理の勘が、調理家電をうまく活用するのにとても役立っています。

メニューごとの食材の組み合わせや適切な切り方、味付け、加熱時間の調節は、道具が変わっても不変的に使えるスキルです。

つまり、鍋やフライパンで料理ができる人は、調理家電に移行すると、調理の手間を省いて、よりおいしい料理の幅を増やせるということです。

価値観のアップデートで家事が変わる

私たちを取り巻く環境は、働き方改革や人生100年時代など、大きく変わりつつあります。さまざまな変化の渦中にあって、幸せの価値基準も見直すときがきています。そんな時代にしっかりマッチしながら幸せに生きていくために、家事、仕事、家庭、健康、親子関係、友人関係、趣味のつながりなど、一度、自分にとっての幸せについて、全体のバランスで考えてみてください。

私は40代になってから、仕事だけ満点を取っても、全体の幸福度はそんなに上がらないように感じ始めました。

仕事は「そこそこ」うまくいっていればいいのではないか。

生活時間の中で、2～3割ぐらいに抑えるのが適切ではないか。

そう思うようになったのです。


30代後半までは仕事第一主義でしたが、今思うと「そんなに仕事をしないで家事をもっと大切にすればよかったなぁ」と思います。

特に30代前半の中間管理職時代は、家事がまったくできなくなるほど働きましたが、業績や給料はさほど上がりませんでしたし、当然ながら、幸福度もさほど高くなかったと思います。


家事がまったくできなくなるほど仕事に追われる生活は、やはり普通ではないわけです。

もし読者の方で、かつての私のようになっている人がいたら「これはちょっとおかしいぞ」と疑ってみてください。仕事をがむしゃらに頑張ることが、自分や家族の笑顔と健康を守ってくれるのか？　と。

人は、毎日おいしくて健康的なご飯を食べて、きれいな家で過ごし、清潔な服を着ていればだいたい幸せです。仕事は、それらを実現するための手段に過ぎません。

家は生活の土台で、体と心の充電空間です。家事を充実させて家の快適性が上がれば、心身の力をしっかり充電できますから、自然と仕事の効率も上がります。

当たり前ですが、そのための作業時間は少ないほどいいわけです。衣食住の快適度を上げるために、時間と手間と負担を増やしてしまっては本末転倒ですから。むしろ負担を減らして快適性の向上を実現することです。そのために、調理家電をはじめとするさまざまな家電が助けになります。

言い換えれば、家電の活用は幸せにつながる投資です。

そろそろ、家事は仕事より価値が「下」であるという認識を改めませんか？

仕事は生活を幸せにするためのものです。仕事のために生活をねじ曲げては、幸せにはなれません。いつの時代も、今までの常識を疑うことで成長できます。

その第一歩として、まずは生活の中で大きな時間を投入している料理を最適化することが、効果が高いと思います。本書が、幸せな生活を構築する行動のきっかけになることを願っています。

目次

はじめに　鍋とフライパンを手放す勇気……4

第1章　超ロジカル料理の基礎知識

基礎1　鍋・フライパンを手放す……24
40代で自炊の大切さを再認識……24
労力、時間、お金を損失させる「現状維持」……26
調理家電は高いと言いながらスーパーの総菜を買う人の怪……29
2大調理家電のヘルシオとホットクック……32
オーブンや魚焼きグリル、炊飯器をもっと駆使する……35
専門店より美味しくできるベーカリー＋真空保存容器……37
食洗機が自炊のハードルを下げる……39
調理家電の付属レシピは参考にしない……42

基礎2　調味料は4種類……46
塩、しょうゆ、味噌、酢があれば十分……46
調味料は基本「後がけ」が正解……51
RECIPE 01【後がけしょうゆ肉じゃが】……52
column①　持ち物の数を最小限にする効果……54

基礎3　絶対においしくなる「塩分の法則」で味付けをする……58
適切な塩分量が「おいしい」を生む……58
RECIPE 02【塩だけ低温スープ】……62
食材の組み合わせの原理原則を知ると「おいしい」の幅が広がる……64
column② 原理原則を知るメリット……67
基礎4　稼働時間は最長でも15分……70
本当に必要なことにだけ手間をかける……70
切る作業をスピードアップ！ 勝間式カットテクニック……78
RECIPE 03 究極の時短レシピ【材料切るだけパスタ】……82
RECIPE 04 究極の時短レシピ【材料切るだけサラダ】……84
column③ 劇的時短をかなえる最新家電……86

第2章　超ロジカル料理で最高に健康になる

私がいくら食べても太らないワケ……92
自炊を始めてからみるみる痩せた……92
自炊だからできる「シュガーフリーライフ」……98
スイーツを果物に置き換える……101
食物繊維は痩せ薬……105

RECIPE 05 痩せる薬レシピ【キノコのマリネ】 108
RECIPE 06 痩せる薬レシピ【キノコとキウイのサラダ】 110
プロテインとサプリも飲んでいます 112
カレー、シチューにルーはいらない 114
RECIPE 07 ルーなし調理【基本のカレー】 118
RECIPE 08 ルーなし調理【基本のシチュー】 120
RECIPE 09 出汁なし調理【基本の味噌汁】 122
column④ 人生最大の投資は、健康 124

第3章 超ロジカル料理で劇的においしくなる

レストランよりおいしい、早い、安いから自炊が続く 140
加熱のし過ぎが料理をまずくする 142
なんでも驚くほどおいしくなる蒸し料理 146
蒸すとおいしくなるメカニズム 146
野菜が絶品になる蒸し方 148
基本の肉の蒸し方 150
低温蒸し 素材別温度一覧 151

RECIPE 10 「蒸してつくりおき」レシピ【豚肉の低温蒸しハム】……152
RECIPE 11 「蒸してつくりおき」レシピ【野菜のまとめ蒸し】……154
RECIPE 12 絶品！ シンプル蒸し料理【蒸しカボチャの洋風和え物】……156
蒸すと衝撃のおいしさに！ 世界一おいしくなる大豆の蒸し方……158
RECIPE 13 絶品！ 豆のおいしさ再発見レシピ【蒸し豆シンプルご飯】……160
RECIPE 14 絶品！ 豆のおいしさ再発見レシピ【豆とベビーリーフのサラダ】……162
RECIPE 15 絶品！ 豆のおいしさ再発見レシピ【昆布と豆の玄米ご飯】……164
column⑤ 家事も人間関係も「し過ぎ」をなくすとラクになる……166

放ったらかしでＯＫ！ 絶品グリル料理……170
手間なし、気遣いなしで、失敗無し！……170
RECIPE 16 放ったらかしでＯＫ！ 絶品グリル料理レシピ【トマトと鶏肉の無水オーブンスープ】……172
RECIPE 17 放ったらかしでＯＫ！ 絶品グリル料理レシピ【チキンの網焼き】……174

幸せを1段階アップさせる自家製パン……176
自家製パンを楽においしくつくる4つのポイント……176
RECIPE 18 人生が変わるほどおいしい！ 自家製パンレシピ【ナッツとドライフルーツの天然酵母パン】……182
column⑥ 買い物はキッチン内で完了させる……184

おわりに……187

第1章　超ロジカル料理の基礎知識

基礎 1

鍋・フライパンを手放す

◉40代で自炊の大切さを再認識

私がまだ20代のころ、3人の娘たちもまだ小さくて、普通の鍋とフライパンを使って毎日自炊をしていました。ところが30代に入って管理職についたとたん、仕事に追われてまったく自炊ができなくなりました。母と同居していた時期は母に任せっ切り、別々に暮らすようになってからは外食で済ませたり、ヘルパーさんを雇ったりしていました。忙しさと引き換えに経済的には余裕ができたので、お金で解決したわけです。

そして30代後半になって独立をした後——2010年ごろには、時間的な余裕を多少は取り戻したため、自炊を再開しました。そこで初めて新たな調理器具を揃えるにあたって、目に留まったのが最新の調理家電でした。ようやくできた時間の余裕を自炊で使い切りたくなかったので、迷わず導入しました。

40代では部屋の片付けも自分自身の課題となり、大規模な断捨離も決行しました。この顛末《てんまつ》については拙著『2週間で人生を取り戻す！ 勝間式汚部屋脱出プログラム』（文藝春秋）に詳しく記しましたが、長年ものであふれ返っていた〝汚部屋〟を脱出したのは、2015年ごろ。その後は、いかにきれいな状態を保つかという、家の快適性がテーマになって、ロジカル家事の構築に至ります。同時に、より健康的な生活を追求し始めて、さまざまな食事法や運動にも取り組むようになりました。

その結果、社会人になってから今が一番健康になりました。体のどこにも痛みがなく、毎食おいしいご飯を食べ、きれいで整った家で過ごしています。精神的にも身体的にも、とても穏やかな暮らしを送っています。

今となっては、もっと早く仕事中心の生活から抜け出せばよかったと、心から思います。20代から30代は仕事だけ満点で、家事も健康管理も0点かそれ以下、という状態が何年も続いていましたから。今のように調理家電が充実していなかったとはいえ、オーブンやグリルをもっと多用したり、炊飯器はご飯を炊くだけでなく、調理器としてももっと活用したりするなど、工夫のしようはあったなと反省しています。

◉労力、時間、お金を損失させる「現状維持」

以前の私のように、無意識に凝り固まってしまった料理の常識を、ぜひ一度見直してみることを強くお勧めします。これをやらないばかりに、いつまでたっても料理の負担が大きいままになったり、おいしくできなかったりして、結果として、外食や店屋物、総菜に手が伸びてしまうのです。

そして、**まず見直すべきなのが、冒頭でもお伝えしたように「鍋やフライパンを当たり前に使うこと」**です。

鍋やフライパンを使ってコンロの火で加熱する料理は、実は相当技術的に難しく、料理人でもない素人がやると失敗しやすく、うまくもまずくもない、安い居酒屋やチェーンの定食屋のような普通の料理しかできないのです。

その大きな原因は、熱が伝わるしくみにあります。

普通の鍋やフライパンは「伝導伝熱」で、熱が加わる底からしか加熱できません。だから、人が手を動かして材料をひっくり返したり混ぜたりと、さまざまな形で手間ひまをかけてあげないとおいしい料理に仕上がらないのです。それでも、加熱温度を一定に保てないため、焦げや焼きムラが生じます。その結果、食材の水分が飛んでパサパサになったり、逆に水分が出過ぎてベチャベチャになったりします。

いっぽう、オーブンや電気鍋などの調理家電は「輻射熱《ふくしゃねつ》（対流熱）」の働きで加熱されるため、全方向からの加熱になります。最新の調理家電は搭載されているＡＩがコントロールするので、加熱温度や焼き加減が安定し、焦げる心配も生焼けの心配もありません。なぜありとあらゆる炭火焼きがおいしいかというと、輻射熱を使っているからです。料理をおいしくする上で伝導電熱は扱いが難しく、輻射熱は簡単。そこが大きなポイントです。

そう私が力説しても「私は鍋やフライパンで料理し続けるからいいわ」と言ってくる人はとても多いのですが、丁寧に鍋やフライパンで作業することが好きならば、それでいいと思います。ただもしそうではない場合――「料理に時間はかけたくないけれど、調理家電はなんとなくヤダ」と感じて拒否している場合は「日本人は遺伝子レベルで、変化を嫌う保守的なタイプが多い」ということを知っておくとよいでしょう。

日本人を含めたアジア人は、精神を安定させる脳内物質の働きが弱く、不安になりやすい傾向にあるといわれています。そのため、変化を嫌い、現状維持を好む性質があります。だからといって、変化を嫌ったままでは、最新テクノロジーから得られるせっかくの恩恵を享受できないままになってしまいます。

「自分には変化を嫌う傾向がある。そのために、損をするリスクも高い」ということをよく認識しておくだけで、これからの選択は大きく変わってくるはずです。

最新テクノロジーが矢継ぎ早に生まれている現代においては、現状維持に留まっているだけで、時間やお金や労力の損失を拡大させることにつながります。新しい調理家電や新しい技術が現れたときには、今までの考えや方法や道具は手放してどんどん導入したほうが、あらゆる面でメリットが大きいといえます。

もっとも、今まで培ったものが、すべて無駄になるわけではありません。フライパンや鍋で料理してきた経験から得られた料理の勘は、調理家電の活用に、とても役立ちます。特に、手動メニューで料理する際の時間設定や、付属のレシピにはないやり方でアレンジするときは、かつての料理の勘が役立ちます。

◉「調理家電は高い」と言いながらスーパーの総菜を買う人の怪

「調理家電は高い」と言う人は少なくありません。私はそのたびに繰り返しお伝えしていますが、価格を使用頻度と使用期間で割れば、調理家電はまったく高くありません。**私に言わせれば、調理家電を持たずにスーパーで総菜を買う人のほうが、よっぽど高い買い物をしています。**

調理家電を使って自炊をしていれば、かかるのは食材代のみで、人件費と地代がかかる外食や買ってきた総菜より、はるかに安く済みます。

例えば、私がお勧めしているシャープの「ヘルシオ ホットクック」という自動調理の無水鍋は、だいたい3万6000～4万円くらいです。これを1日2回、365日使うとすると、4万円で購入した場合、1回あたり54円で使用できることになります。もし、メーカーの延長保証サービスに加入した場合は購入1年後から4年間、無料修理の保証がつくので、1日2回、5年間使用した場合、1回あたりの使用コストは約11円ということになります。

材料と調味料を入れるだけで、後は調理を放ったらかしでまかせていられる代金が、

1回11円です。火加減を調整したり、かき混ぜたりすることも不要。火の番もしなくていいからキッチンを離れることもできるので、その間にほかの家事を片付けたり、テレビを見ながらお茶を飲んだりすることだってできます。それが11円で実現するのですから、これを高いと感じる人はほとんどいないのではないでしょうか。

調理家電が高いと言う人に限って、スーパーやコンビニの総菜を平気で買ったりします。調理家電で自炊するのが日常の私にとって、こうした総菜こそ、高くてとても買えません。先日も、スーパーの総菜コーナーでカボチャの煮物が3〜4切れ入ったパックが150円で売っているのを見て「高過ぎ！」と思いました。同じ値段で、生のカボチャなら4分の1個も買えます。1パックの煮物の3〜4倍の量にあたります。それを切って調理家電で20分、放ったらかしで蒸すだけで、びっくりするくらいおいしいカボチャの蒸し物ができます。コストパフォーマンスもおいしさも、圧倒的に「自宅で調理家電」のほうが優れています。

人は、どうしてもそのときに支払う額しか見ない生き物です。つまり、

ホットクック4万円：スーパーの総菜150円

という比較をしてしまうのです。ところが、それぞれの価格を先ほどのような考え方から算出すると、圧倒的にスーパーの総菜のほうが割高になります。

「自炊する時間がない」というのもよく聞く悩みですが、慣れてしまえば、調理家電を使うと、外食より、スーパーで総菜を買ってくるより、時間の節約になります。

まず、スーパーやコンビニに行って商品を選んでレジに並んで会計する、という時間がなくなります。仮に、家から徒歩5分のところにスーパーがあったとしても、もろもろの所要時間は最短でも20分はかかるでしょう。20分あれば、調理家電で一品作れます。しかも、自分が行う作業は、食材を切って容器に入れてスイッチを押すだけ。調理は調理家電がしてくれるので、自分が手を動かす時間は5〜10分です。

ちなみに私は、20分あればヘルシオとホットクックのダブル使いで2、3品は作ることができます。逆に、自分だけの食事のためにスーパーに並んで総菜を買いに行くとか、外食へ出かけるとかのほうが時間はかかるし、やることが多くなって面倒に思えます。

◎2大調理家電のヘルシオとホットクック

短時間で加熱、食材が柔らかくなる調理器具として、圧力鍋が注目されていた時代がありました。一時期、私も使っていましたが、圧力鍋は100~120度の高温で加熱するため、おいしくならない上、食材を傷めてしまうなあと思い、すぐに使わなくなりました。多くの野菜や肉・魚などのタンパク質は、100度以上で加熱するとアクが出たり細胞壁が破壊されたりすることから、味も食感も落ちてしまいます。

豆のように、火が通りにくいために高温にする必要がある食材もありますが、肉や魚、野菜のほとんどは、低温でゆっくり調理をするスロークッキングがおいしさの秘訣だと私は思います。しかし、このように低温に保つことは、普通の鍋やフライパンでは至難の業《わざ》。そのため、多くの場合で火を通し過ぎてしまい、料理の味を損ねてしまっているのです。

この難しい温度調整をスイッチ一つで可能にする調理家電が、シャープのウォーターオーブン「ヘルシオ」と自動調理無水鍋「ホットクック」です。

高級なレストランでは、蒸す、焼く、炒めるなどが一台でできる多機能加熱調理機器「スチームコンベクションオーブン」といわれるものを使用しています。その家庭版が「ヘルシオ」です。

低温調理と並んで、蒸す・焼くを同時に行う水蒸気調理ができるのも大きな特徴。業務用機器の家庭版ですから、プロ級のおいしい仕上がりになるのも当然で、逆に、これまでの家庭用調理器具はいかにおいしくできないものだったか、ということを痛感するほど、その登場に驚いたものです。

ヘルシオは2台。一台で蒸し物をして、もう一台で焼き物というように、同時に2種類の調理ができるので便利です。

ホットクックも2台持ち。忘れん坊の私は注意書きをテプラで貼っています。料理名と作った日時を電子パッドにメモしているのは、生活時間が違う娘のため。

いっぽう、自動調理無水鍋の「ホットクック」は、蒸し料理と煮込み料理に欠かせません。食材を切る、調味料を加える、スイッチを押す、というこの3つができれば、子どもでも安全に、失敗なくおいしい一品を作れます。本質的には無水鍋と同じなので、スープなどは水をたくさん加えなくても、食材から旨味たっぷりの水分を引き出してくれます。

仮に、ヘルシオやホットクックで20分の加熱で食べられる状態になるものをうっかり30分加熱したとしても、味も食感も大きな差がありません。なぜなら低温(弱火)でゆっくり加熱していて、食材を傷めないからです。同じことを鍋やフライパンを使った高温調理でしたら、まっ黒焦げになってしまいます。そうした失敗を繰り返して面倒になり、料理をしなくなった人も多いことでしょう。調理家電ならそうした失敗とは無縁でいられます。

これらを使ってご飯を作る——といっても、正確には調理家電が作ってくれているわけですが、おいしくて健康的なご飯に手間ひまは不要、ということを実感できるでしょう。

ゴルフを習っているときによく「余計な動きがあるとクラブに力が伝わりません」と教えられますが、料理も「余計な手順があると味を落とす」と私は思います。余計な調味料、余計な加熱は、料理をまずくする大きな原因です。手間ひまをかけずに作ることとおいしく作ることは両立する、と考えています。

オーブンや魚焼きグリル、炊飯器をもっと駆使する

調理家電がほしくても「キッチンに置くスペースがない」「いきなり高額の調理家電を買うのはちょっと……」という人は、まずは電子オーブンレンジやガスコンロについている魚焼きグリルなどを活用してみてください。

調理家電と同じように、オーブンは輻射熱（対流熱）で加熱します。魚焼きグリル

は、輻射熱と直火です。いずれも調理家電のようにＡＩが加熱温度や焼き加減をコントロールするわけではなく、一台でさまざまな調理法ができるわけでもありませんが、うまく活用すれば低温調理ができ、鍋やフライパンより断然おいしいものが出来上がります。蒸し料理なら、フライパンや鍋用の蒸し器やセイロが使えます。電子レンジでシリコンスチーマーを使って蒸すこともできます。

でも、それらと大差ない値段で安価な調理家電を買うことができることもお忘れなく。アメリカでは一家に一台あるといわれるほどメジャーな電気鍋の「スロークッカー」は、大型家電量販店で２５００〜３０００円ぐらいで購入可能です。

私の知り合いや、私が主宰する「勝間塾」の塾生の皆さんの中には、炊飯器を煮込み料理用の調理家電として使う人も結構います。

また、「キッチンに置き場所がない」という場合の解決法として、ガスコンロやＩＨクッキングヒーターの上にカバーをしてヘルシオやホットクックを置いている人もいます。コンロやＩＨは使わないと決めてしまえば、さしたる不自由はない、とみんな

口を揃えて言います。

私も自宅のキッチンのＩＨクッキングヒーターは電源を常に切っていて、その上を調理作業スペースにしています。お湯はレンジでチンすればいいですし、作り置き食材を再加熱したいときはホットクックやヘルシオでできますから、困ることは何もありません。

◎専門店よりおいしくできるベーカリー＋真空保存容器

我が家の主食にはパンが登場することが多いのですが、そちらも自家製で、天然酵母のパンを自分で作っています。といっても、自分で生地をこねたり発酵のお世話をしたりはしません。材料を入れて仕上がり時間をセットするだけの全自動のホームベーカリーにまかせています。使っているのはパナソニックの1斤タイプ。パナソニックの上位機種には天然酵母コースがついています。天然酵母だと焼き上がるまでに7時間かかるので、いつも夜にセットして、翌朝焼き上がるように予約しています。

この天然酵母のパンは友人の間でもファンが多く、我が家に来て初めて食べた友人私が「世界で一番おいしいパン」と思っている天然酵母、全粒粉の自家製パン。発酵も焼き上げもすべて機械まかせで間違いなく外はパリッと、中はしっとりと焼き上がります。

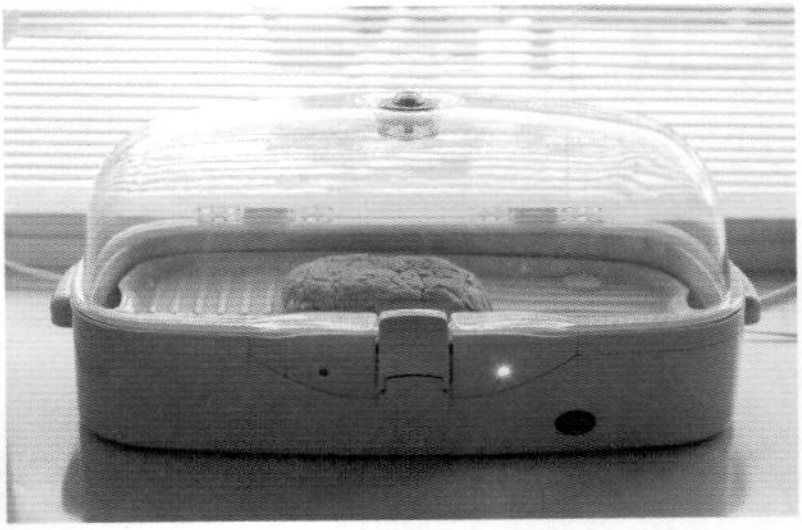

残ったパンは電動式の真空保存ケースに。風味も食感もそのままで4～5日持つので助かります。

毎日使っているパナソニックのホームベーカリー。材料を入れるだけで練り、発酵、焼き上げまでオートでやってくれます。室内と庫内の両方の温度を検知して、季節や室温の変化に対応したプログラムで焼き上げてくれます。

はホームベーカリーの手作りだと知らず、一口食べた瞬間、「わーおいしい、これどこで買えるの？」と聞いたほどです。

食べ残ったパンは、電動式の真空保存ケース「エコフレッシュケース」で保管しています。冷蔵庫に入れるとボソボソになりますし、冷凍すると再加熱が面倒なので、常温で保存できるものを探していたとき、ちょうどAmazonの在庫処分セールで見つけて買いました。ラップをする必要もなく、酸化とカビも防いでくれるので本当に助かっています。このケースに入れておけば、常温で4〜5日は持ちます。

以前、手動で真空になるタイプを使っていたことがありますが、すぐに空気が入ってしまうのと、空気を抜くのが面倒臭くなって使わなくなってしまいました。電動式だとそうした失敗も手間がかからない分、面倒がないので毎日使います。焼いた芋や蒸した栗などを入れることもあります。

食洗機が自炊のハードルを下げる

「自炊をすると、後片付けが面倒で……」という人は多いことでしょう。もしかしたら、自炊の習慣を阻む最も高いハードルが、調理器具や食器などの洗い物かもしれません。毎食後、お腹いっぱいになってゆっくりしたいタイミングに、十数分かけて食器洗いをしたり、キッチンをきれいに掃除したりするのはかなりのストレスです。手荒れに悩む人などはなおさらだと思います。

洗い物がない、とイメージするだけで、自炊のハードルはずいぶん下がりますよね。それによって自炊を習慣化しやすくなるので、私はまだ所有していないなら、食器洗い乾燥機の購入を強くお勧めします。たとえ一人暮らしでも、です。食器類はササッと簡単に洗えますが、やっかいなのはザルやボウルなどの調理器具。また、調理家電の場合は内蓋などを分解して洗浄するパーツが多いので、食洗機があったほうが圧倒的に便利です。

「食洗機を置くスペースがない！」という人には、食器乾燥機をお勧めします。食洗機か乾燥機のどちらかがないと、台所が片付いた状態を維持しにくく、それもまた自炊のハードルを高くしてしまいます。特に、家族がいる人は洗い物の数が多くなるので、どちらか一つは備えたほうがいいでしょう。

我が家では、備えつけの食洗機のほかに、シンクの脇に象印の食器乾燥機（縦型80

cm、ロング排水ホース付き）を置いています。購入価格は1万円ぐらいで、買ったきっかけは、経営しているキッチンスタジオで水切りかごの代わりに乾燥機を置いたところ、とても便利だったからです。水切りかごだと洗った後しばらく放置しなければならず、それでも完全には乾かないので、結局は拭かなければいけないことがとても面倒でした。乾燥機を導入してからは、清潔に乾いた食器をそのままササっと棚に仕舞えるようになり、かなりストレスフリーになりました。

また、うちでは保存容器として「ジップロックコンテナー」を使っているのですが、

我が家では洗いカゴの代わりに象印の食器乾燥機を設置。すぐに乾くのでササッと食器をしまえてキッチンがいつもすっきり片付くので、本当にストレスレスです。

これが食洗機だと乾きにくく、やはり毎回ふきんで拭くのがとても面倒でしたが、そのストレスからも解放されました。小さなストレスも、解消できると驚くほど快適になって、大きな幸せを感じるものです。

大嫌いだった水切りカゴの受け皿の掃除をしなくて済むようになったのも、私にとっては大きなメリットでした。乾燥機だと勝手に排水してくれるので、掃除する必要がありません。

ずっと食洗機のほうが、価値が高いと思っていましたが、乾かしてくれるだけでも十分にＱＯＬが上がることを実感します。食洗機があるお宅でも、水切りカゴの場所に乾燥機を設置できるのであれば、私は乾燥機を置くことをお勧めします。食洗機があるからいらないと思っていた乾燥機も、併用してみると大活躍でした。

◉調理家電の付属レシピは参考にしない

調理家電が自炊で作る料理を劇的においしくすることは間違いありません。しかし**調理家電を購入したときについているレシピの通りに作っても、残念ながら劇的にはおいしくなりません。**

私はホットクック発売直後の2015年に1・6ℓタイプを買って、付属レシピの通りに10メニューぐらい作ったものの、どれもこれまで自分で鍋やフライパンで作ったものより、まったくおいしくできなかったという経験をしました。そのため3日使ったところで、人にあげてしまったことがあります。そのときの敗因は、付属レシピに忠実に作ったことでした。

付属レシピは、「塩少々」といったように曖昧な表記があったり、味付けに砂糖とみりんを多用していたりと、全体的に調味料の指示が適切ではなかったと今では思います。また、ケチャップやコンソメのキューブ、デミグラスソースなど既製の調味料を多用するせいか、私が普通に鍋やフライパンで作る料理よりまずくなってしまい、本当に驚きました。私の周りの料理好きの人たちにも、同じ道をたどった人が結構いて、みんなすぐに放置していました。

ホットクックでおいしい料理をマスターするには、付属レシピよりも見ずにバーミキュラやストウブのような無水鍋のレシピを参考にしたほうがいいと思います。なぜなら、**ホットクックの本質は自動で調理してくれる「無水鍋」だからです。**

私はこのことに気づいてから、悪いのはホットクックではなく付属レシピとの相性のせいだと思い直し、再購入しました。そして、付属レシピをまったく無視して、私が料理家の三傑と仰ぐロジカルクッキングの水島弘史さん、低温蒸し調理の平山一政さん、栄養士でもある料理研究家の浜内千波さんたちのレシピを、どうすればホットクックで再現できるのか、と思って試行錯誤したら、驚くほどおいしく作れるようになりました。つまり、器具とレシピを分離するのがおいしく作る秘訣なのです。

参考にしているのは、浜内千波さんや水島弘史さん、平山一政さんのレシピ本。シンプルで素材の味が引き立つ有元葉子さんのレシピ本もお気に入り。電子版以外買わなくなって、紙の本はほとんど処分しましたが、この数冊だけは残して繰り返し見ています。

基礎 2

調味料は4種類

◎塩、しょうゆ、味噌、酢があれば十分

私が作る料理のほとんどは、塩のみで味付けしています。
もともと、味付けはシンプルにしていましたが、料理家で栄養士でもある浜内千波さんの『らくしておいしい塩味レシピ』（文化出版局）に大きな影響を受け、みりん、料理酒などは一切使わないようになりました。しょうゆはありますが、使うのは肉じゃがを作るときぐらいです。ヘルシオやホットクックで低温調理にしたものは、食材本来の味が引き出されてそのままでもおいしいので、何か味を足したいときでも塩で事足りるため、ほとんど出番がなくなりました。

塩は、数年前からずっと医師の白澤卓二さん推薦の「能登 わじまの海塩」を愛用し

ています。500gで2000円ぐらいするので一見高額にも思えますが、塩はほかの調味料に比べて食塩相当量が高いので、相当高いものを買ってもコスパは優秀です。厚生労働省推奨の塩分摂取量は1日女性6・5g未満(私の場合は1日5グラムを目指していて、そんなに使いませんが)ですから、1日6・5g使うとしたら、1袋で154日持ちます。

オイルは、「エグレヒオ(EGREGIO)」というオリーブオイルを愛用しています。『エキストラバージンの嘘と真実 スキャンダルにまみれたオリーブオイルの世界』(日経BP社)という本で、安全なお勧め商品として紹介されていたものです。1本500mlで2500円しますが、月に1~2本しか使わないので、これにはお金をかけています。4本以上注文すると送料無料なので、まとめて買っています。

この塩とオリーブオイルがあれば、たいていのものはおいしくいただけます。味付けは同じでも、食材が変われば当然味も変わるので、飽きることはありません。

ほかに我が家にある基礎調味料は、味噌と酢、しょうゆです。味噌は味噌汁を、酢はマリネを作るときに使います。後は、カレー用のカレー粉と、パンを焼くときに酵母の発酵を促すための砂糖があるぐらいです。

調味料の質にこだわるのは、おいしさを左右するだけではなく、将来の自分の健康投資になるからです。多くの市販調味料には、避けたい食品添加物がふんだんに使われています。

我が家にはだしの素やコンソメなどの風味調味料をはじめ、「○○のタレ」的な合わせ調味料も、めんつゆやソース、ケチャップなどの調味料は置いていません。低温調理は、しょうゆの出番を減らすほど素材の味を引き出すので、余計な味付けをする必要がないため、当然の結果です。

化学調味料はできるだけ使わないほうがいいのは当然ですが、いきなりすべての調味料の使用をやめるのは無理があると思うので、まずは質にこだわることをお勧めします。

ポイントは、商品ラベルの原材料の欄をチェックして、できるだけ使用されている材料が少ないものを選ぶことです。これは基礎調味料の味噌や酢を選ぶときにも、ぜひ実践してほしいことです。

例えば、味噌は本来、大豆や米（もしくは麦）、塩の3つを混ぜて発酵させればできますが、工場で大量生産されるものの多くは、品質保持のために酒精（エタノール）や旨味調味料、保存料などを添加しています。塩分控えめタイプのものは、塩の代わりに化学調味料を足して味を整えています。

原材料が多い、もしくは「ぶどう糖果糖液糖」や「増粘多糖類」など、謎の成分が大半を占めているようなものほど値段は安く、原材料が少ないものほど高くなります。とはいえ、それは数百円の差です。それで健康投資ができると考えれば、高くないと思います。

かつては、私もさまざまな調味料を使っていて、おいしいと思って食べていました。でも、化学調味料を使わないのが当たり前になると、たまに外食などで口にしたとき、何とも不快な後味を感じるようになりました。化学調味料は人工的に作られたもので、そのバランスは自然界にはないものです。人間は動物であり自然な生き物であることを考えると、化学調味料が入った料理をまずいと感じるのは、味覚が正常化した現れかな、と思います。

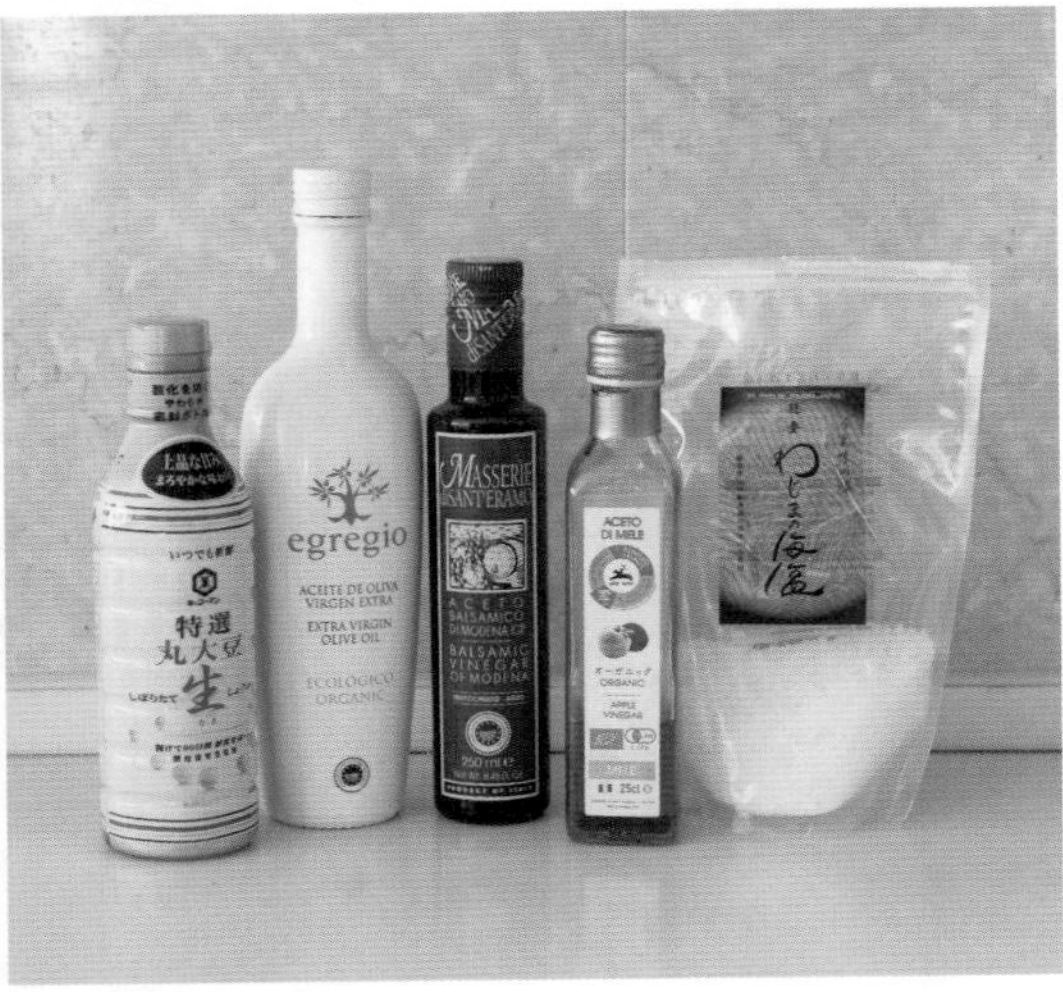

調味料はしょうゆ、酢、塩、味噌の4種類だけ。風味づけにオリーブオイルもよく使います。真空ボトルのしょうゆを使い始めたら、とてもフレッシュでおいしかったので、もう普通のボトルのしょうゆには戻れなくなりました。酸化がいかにしょうゆの風味を損ねていたのかがよくわかる、素晴らしい発明だと思います。

◉調味料は基本「後がけ」が正解

味噌汁やカレーなどの煮込み料理以外、基本的に私の料理は、加熱中の食材に調味料を加えることはしません。

肉じゃがも、食材を蒸した後に、しょうゆをかけます。そのほうが加熱でしょうゆの香りや風味が失われることなく、ちゃんと残るので、驚くほどおいしい肉じゃがになります。しょうゆや味噌は加熱に弱く、塩は食材の水分を奪うので、料理によっては、最後に入れるほうが合理的です。

後がけだと可食部にのみかければいいので、調味料を使う量が最小限で済み、塩分の取り過ぎを防げるメリットも。

食材に味をしみ込ませるほうがおいしいという概念がありますが、私は後がけのほうが圧倒的においしいと思います。だまされたと思って、ぜひやってみてください。

RECIPE **01**

後がけしょうゆ肉じゃが

来客に出すと、目を丸くしておいしい！　と喜ばれる一品です。裏を返せば、それほどみんな、疑いながら口にする、ということですが（笑）。

このレシピが生まれたきっかけは、低温蒸し調理の第一人者である平山一政さんの「煮込まない筑前煮」でした。食材はそれぞれに適切な温度と時間で蒸してから、最後にまとめてしょうゆをからめる、というやり方で、これはほかの煮物にも応用できると思ったのです。考えてみれば、肉と野菜は性質がまったく違うのに、まとめて加熱するほうが無理があります。ただ、私は食材をそれぞれに蒸すのではなく、肉のみ個別で野菜はまとめて蒸しても大丈夫だろうと考えました。

この方法で肉じゃがを作ったところ、肉はもちろん、野菜もそれぞれの味と食感がしっかり残っていました。しかも、しょうゆの風味が生きていておいしい！　私が使っているしょうゆは、安価なキッコーマンの生タイプですが、まるで高級なこだわりしょうゆのよう。煮込むとしょうゆのおいしさを大きく損ねることに気がつきました。

従来のように煮込まない分、しょうゆを使う量が少量で済みます。節約も減塩もできるので、ぜひ一度だまされたと思って作ってみてください。

材料と作り方（1～2人前）

ジャガイモ…2個　ニンジン…1／2本　タマネギ…1／2個　豚肉薄切り…約100g
しょうゆ…具材の総量に対して3.5％

1 ジャガイモ、ニンジンはピーラーで皮をむいて包丁で一口大（8～10等分）に切る。タマネギは皮をむいてから包丁で一口大（8～10等分）に。ホットクック用の内鍋に入るサイズの足つきのザルに、切った材料を入れる。

ホットクックにセット！

2 ホットクックの内鍋に150mlぐらいの水を張り、**1**のザルを入れ「手動」→「蒸し板を使って蒸す」を選択して30分加熱。
※代用レシピ：蒸し器で10~15分蒸す。

ホットクックの蒸し上がりはこんな感じ。

3 ヘルシオの天板に網をセットして、その上に豚肉を1枚ずつ並べる。「ソフト蒸し（70度）」で15分加熱し、低温蒸しハムをつくる。
※代用レシピ：蒸し器の水が沸騰したら中火にし、豚肉を8～10分蒸す。

具材の総量は215g！

4 皿をはかりにのせてゼロリセットし、**2**の具材と一口大に切った**3**の豚肉をのせて具材の総量（ここでは215g）を測る。

5 しょうゆの量を計算する

具材の総量に合わせてしょうゆの量を計算する。**しょうゆの適量**は**具材の総量**に対して**3.5%**だから、ここでは

例：具材215g×3.5%＝しょうゆ約7.5g

6 しょうゆを回しかけて……

完成！

column
1

持ち物の数を最小限にする効果

調理の工程や調味料の数を厳選することで、料理の質が上がることをお伝えしましたが、これはほかの生活にも通底すると思っています。

調理器具や食器をはじめ、タオルやメイク道具、洋服やアクセサリー、バッグなど、日常的に使うものの数を常に最小限にしておくと、整理整頓しやすくなるだけではなく、何がどこにどのぐらいあるのかを把握しやすくなるため稼働性がよくなって、生活が一変します。

例えば、調理器具でいえば、我が家ではキッチンバサミは食材カット用と、それ以外の袋などを切るとき用の2本、包丁は3本だけ。包丁が3本あるのは、朝、昼、夜とそれぞれ使うたびにいちいち洗わず、使ったらすぐ食洗機に入れてまとめて洗うためです。それ以外のピーラーやトング、ポテトマッシャーなど、たまに使う道具は一つだけ。道具を少なくして収納のスペースに余裕を作っておくと、取り出しやすいのでキッチンがぐんと使いやすくなります。

洋服についても、持っているアイテムすべてが目に入るようにしておかないと、持っていることを忘れて管理ができなくなりますから、シーズンごとのバリエーション（トップとボトムスの組み合わせ）は1桁あれば十分だと思っています。私が今、所有している洋服はおそらく10着前後、下着類も4組、パジャマも2組だけです。

2019年の春からYoutubeを始めたことから露出が増えたため、さすがにそれだけだと困るので、定額制ファッションレンタルサービス「air Closet（エアークローゼット／通称エアクロ）」を利用するようになりました。月の定額9800円でプロスタイリストさんがセレクトしてくれた服を借りられるサブスクリプションサービスです。毎回、返却時にコーディネートの感想を送るので、専属性が高まるため、私のようにおしゃれに興味があまりない人ほど、利用価値が上がるでしょう。私は1ボックス3着ずつ（トップス2着、パンツまたはスカート1着で2コーディネート）を月に何度でも借りられるものを2ボックス頼んでいます。その年ごとの流行ものを買う無駄を省ける上、流行を楽しむことができるのは、なかなかいいものです。返却時にクリーニング不要なのも助かります。このサービスを利用するようになってから、自分で服を買う機会はほとんどなくなり、クローゼットがさらに片付きました。

化粧品も、メイク用品に関しては口紅、アイブロウ、アイシャドウなどの目的別のアイテムがそれぞれ1種類だけ。スキンケアは洗顔したらそのまま何もつけないことがほとんどなので、基礎化粧品は持っていません。肌に何かをつけるよりもどんな栄養を食べ物から取るかのほうがはるかに重要だと思っているからです。

本も月に何十冊と読むため、手元に置くものはすべて電子版を購入しています。以前すべて紙の本を買って自宅に置いていたころは、大変な量が積み上がっていました。処分するのも大仕事でしたから、電子版が普及した今は本当に楽になったと実感します。

ものを少なくするコツは一つだけで「使わないものは処分する」です。私はひと月に一度以上使わないものは処分するようにしています。物置にしまい込んでいるのは、クリスマスツリーや扇風機など季節ものぐらい。あとは思い切って処分しても、困ったことはありません。

ものを最小限にすることで、管理が楽になるだけでなく、視覚的にもすっきりと片付くのでとても気持ちよく生活できるようになります。ぜひお試しください。

スタイリストがセレクトしてくれるエアクロを使うようになってから、「おしゃれですね」と言われることが増えてうれしい！ 返却時にクリーニング不要なのも助かります。

基礎
3

絶対においしくなる「塩分の法則」で味付けをする

◎適切な塩分量が「おいしい」を生む

ロジカルクッキングの提唱者である水島弘史さんいわく、「おいしいとは塩分が食材の総量の0・6〜0・8%である」。私はそれにならって、**塩を加える場合は材料の総重量の0・6%を基本にしていて、塩分を含む食材を使う場合は、それ以下にしています。味噌としょうゆは含有される食塩相当量が違うので、しょうゆは食材の3・5%、味噌は食材の5%が目安です。**

そう言うと「いちいち計算するのは面倒臭い!」という人がいますが、確かに両手がふさがっていたり、手が汚れていたりする調理中に電卓を使うのは大変ですね。でも今は、とても便利なテクノロジーがあるので、心配ありません。私はもっぱら、スマートスピーカーに計算してもらっています。

はかりの上に置いたボウルに材料を全部入れて、総重量がわかったら、

OK Google、
1236gかける0.6%は?

答えは
7.416gです

といった具合で、本当に便利です。皆さんもキッチンにはスマートスピーカーか、スマホを置いておき、計算のときはそれらに頼ることをお勧めします。

ちなみに、塩は小数点2桁以下の誤差は味に影響しないので、四捨五入でＯＫです。しょうゆと味噌はグラム単位で十分です。なので、この場合は7・4gですね。塩分量を毎回計算するのは面倒臭そう、と思うかもしれませんが、よく作る量は決まっているので、数回繰り返せば自然と覚えます。私は塩を指でつまんで入れますが、指3本でつまむとだいたい1g、4本だと2gということも把握しています。

例えば、**具材と水分を合わせて１０００gのスープを作るとしたら、**
塩の場合は１０００gの０・６％だから６g、
しょうゆの場合は１０００gの３・５％だから35g、
味噌の場合は１０００gの５％だから50g。
調味料を２種類以上使う場合は、塩分６gの範囲で調整します。
しょうゆを12g（塩分２g分）と味噌を32g（塩分４g分）、
という感じです。

この割合で味付けすれば、食材が変わっても味がブレることはありません。
３つ星レストランのベテランシェフでさえも、味を均一化するために塩分量の計算を怠らないといいますから、調味料は計ってから加える習慣をつけましょう。
この塩分量と、野菜も肉も１００度以上で加熱しない、という法則を頭に入れておけば、レシピを見なくてもおいしい料理を作れるようになります。

レシピの役割というのは、英会話集に近い気がします。英会話集は、空港やレストランなどのシーン別の会話の例が載っていて、そのシーンでは使えますが、それ以外では使えません。レシピも同じで、レシピを見ればその通りに作れますが、レシピに載っていないものは作れません。例えば、外食でおいしかったものを再現しようと思っても、なかなか難しいでしょう。

でも、英会話の基本になる文法と英単語をたくさん知っていれば、英会話集がなくても困ることはありません。料理もまた、基本になる塩分量と加熱法を知っていれば、レシピがなくてもおいしいご飯を作れるようになるのです。

0.1～3000gまで計量できる、タニタのクッキングスケールを愛用。鍋やボウルごとのせるので、この最大計量は必須！

RECIPE **02**

塩だけ低温スープ

スープや味噌汁は、コンソメやかつお節などの出汁《だし》を入れないほうがおいしい、というのが私の結論です。以前は出汁を取っていましたが、①旨味成分が豊富な食材を使う、②低温調理をする、という2点を押さえれば、コクのあるはっきりした輪郭の味になります。

旨味は、甘味、苦味、酸味、塩味と並ぶ味覚の一つで、料理の出来を左右する重要な要素です。その旨味成分の代表的な2つが「グルタミン酸」と「イノシン酸」で、キノコには前者が、肉には後者が豊富です。このスープでは両方使っているので、相乗効果でおいしくならないわけがありません。だから、味付けは塩だけでOKです。

塩はぜひ、精製されていない海塩や岩塩を使ってください。私が愛用しているのは、46ページで紹介した「能登　わじまの海塩」です。少々値は張りますが、これ一つで味が決まり、ほかの調味料はいらないので買って損はありません。

加える青菜は、コマツナのほかチンゲンサイもお勧めです。いずれもシャキシャキとした食感が加わって、最後の一口まで飽きずに堪能できます。料理イベントでこれを作ると「全然手間がかかってないのにすごく手の込んだ味がする！」と驚かれます。

材料と作り方（4〜5人前）

豚肉（しょうが焼き用）…約100g　　コマツナ…1／2袋（6〜7把）
シイタケ…6個　塩…具材の総量に対して0.6％　水…具材の総量と同量

1 ホットクック用の内鍋をはかりにのせてゼロリセットし、豚肉は包丁で2cm幅に切り、コマツナは根元を切り落としてザク切りに、シイタケは石づきを切り落として薄切りにして内鍋に入れる。
2 具材と同量の水を電子レンジで軽く温めて**1**に加える。
3 **2**に総重量の0.6％量の塩を加える。
例：具材（350g）＋お湯350ml＝総量700g×0.6％＝塩4.2g
4 ホットクックの「手動でつくる」→「低温調理をする」を選択して80度で20分加熱する。
※代用レシピ：鍋に具材と同量の水を入れて中火で加熱し、沸騰する直前で弱火（約90度）にする。汁の水面が波立たない状態を保ち、具材に火が通るまで加熱する。

「はかりをゼロリセットする前に鍋に材料を入れちゃった！」というのはよくある失敗。鍋＋具材の総量が出てしまうので塩の量が計算できなくなって困った事態に。でも、うちではそんな時にも鍋やボールの重さをマイナスして計算できるように、テプラで貼っているので大丈夫！

◉食材の組み合わせの原理原則を知ると「おいしさ」の幅が広がる

もしヘルシオやホットクックを使って低温調理をして、塩分量もちゃんと計っているのに「イマイチなものしかできない……」という場合は、出来上がったものを口に入れたときの調和をイメージできていないせいだと思います。

例えば、酸味がある食材ばかり、あるいは柔らかい食感のものばかりで作っても、口に入れたときの味の広がりは生まれません。それが、イマイチなものになってしまう原因です。人がおいしいと感じる要素の一つに「異なる味や食感が組み合わさっている」というものがあります。食材を考えるときには、この法則にのっとって、味や食感が異なるものを3～4種類組み合わせるようにしましょう。

そうするとたいてい、彩りのバランスもよくなります。サラダなら少し苦味のある葉野菜に甘味と酸味のあるフルーツ、それに旨味が豊富な肉など。味覚だけではなく、違う食感のものを組み合わせるのもお勧めです。歯ごたえがあるもの、ないもの、シャキシャキしたもの、ホクホクしたもの、水分が多いもの、少ないもの、などなど。

食感は調理法でも変わるので、蒸したもの、焼いたもの、生のものなど、異なる調理法で作ったものを組み合わせる手もあります。

もっとも、複雑に組み合わせればいいというものではありません。くれぐれも、3～4種類に留めてください。

例えば、私がベビーリーフでサラダを作るとき。蒸したキノコのほかに何かもう一品足したいけれど、パルメザンなどの硬いチーズだと食感が合わない。蒸した豚肉や網焼きにしたチキンだと、ちょっとヘビーでしつこい。そう考えた結果、柔らかい食感でしつこすぎないモッツァレラチーズを選ぶ、という感じです。食感のバランスが整うだけではなく、タンパク源も加わって栄養バランスもよくなります。

私のお勧めは、サラダに果物を加えること。サラダにかけるドレッシングにはリンゴ酢、レモン、スダチの絞り汁などがよく合いますが、同じようにリンゴやキウイ、ベリー系の果物を酸味としてプラスしてみてください。このとき、酢は入れません。酢やレモン汁をかけるよりも、果物のほうがマイルドな酸味でサラダによく合います。リンゴ酢を使うなら、リンゴのほうがサラダをよりおいしくしてくれます。

そうやっていろいろな組み合わせを試して、自分なりのおいしい発見ができると、どんどんおいしいレパートリーが増えていきます。そして、自分が作る料理と同レベルのものを外で食べようとしたらかなり高額になることもわかるから、より外食しないようになるわけです。

ブルーベリーをプラスしたチキンサラダ。チキンのコク、カボチャの甘味、ベリーの酸味を組み合わせた、飽きのこない鉄板の一皿です（著者撮影）。

column 2

原理原則を知るメリット

失敗しない料理の原理原則は手間をかけないことで、おいしさの原理原則は塩分量が0・6%。そして、食べることの原理原則は栄養補給です。だから私は、タンパク質、ビタミン、ミネラル、食物繊維などの栄養や、ポリフェノールなどの機能性成分が多い食材を選んで買っています。よく買うのは豚肉、鶏肉、ナッツ類、果物全般、カボチャ、トマト、キノコ、パプリカ、ナス、サツマイモ、ベビーリーフです。

ベビーリーフはずっと100g300円のものをネットスーパーで買っていましたが、あるとき、注文後に品切れになっていたことがわかり、代替品として60g400円のものが届きました。それが、いつものものより断然おいしかったのです。ベビーリーフはどれも同じだろうと高をくくっていましたが、味が濃くて値段の違いが大きいことを痛感しました。味が濃いということは、栄養価も高いのだと思います。それ以降、高いほうを買うようになりました。

サツマイモでも、いつものものが売り切れていて、高い安納芋《あんのういも》にしたら、やはりおいしくて目を丸くしました。たまの贅沢《ぜいたく》として、高いものを買って味の違いを楽しむのもいいと思います。おいしいもの＝栄養が詰まっている、ということですから、自分への投資になるので絶対に損にはなりません。

こうした料理や食べることに限らず、どんなことでも原理原則を考えずに行動することは、例えるなら、ルールを知らずにゲームをするようなものです。周りのみんながそうしているからとか、とりあえず前例通りにやればいいだろう、という考えは運まかせで、不安定な結果しか得られません。


ほかに、日常生活で最低限知っておくべき原理原則は、不調や病気の予防とお金の貯め方です。

病気を防ぐための原理原則は、たくさん寝よう、です。

国内外のあらゆるエビデンスが、現代社会における不調や病気の最たる原因が睡眠不足にあることを示し、睡眠はストレス解消に一番いい方法だと論じています。端的にいえば、人は起きている間に老化して、溜まった老化物質を睡眠中に洗い流しているということです。つまり、アンチエイジングの最も簡単な方法も睡眠である、と言うことができるのです。

最新の有力なエビデンスによると、睡眠時間が6時間台なのは論外、7時間台でも足りなくて、8時間台が理想だといわれます。そのことを踏まえて、私は22~24時の間に寝て、6~8時の間に起きる、というパターンを基本にしています。30代のころなど、多忙を極めていたときは、多い日でも睡眠時間5~6時間でした。当時と体調を比べると、圧倒的に今のほうがいいことを実感しています。

お金を貯める原理原則は、私が一貫して言い続けている通り、銀行に預けず、インデックスの投資信託に回すことです。収入の7~8割で生活する習慣をつけ、残りの2~3割はドルコスト平均法による積立投信をして貯めます。お金を貯めるコツは、給料日などに天引きをして、はじめからなかったものにすることです。天引きをせずに、残った分を貯めようとすると、いつも節約しなくてはいけない、というプレッシャーがかかって続かないのです。

基礎

4

稼働時間は最長でも15分

◉本当に必要なことにだけ手間をかける

私が調理のために手を動かす時間は、最長でも15分です。そう言うと「短い！」とけっこう驚かれるのですが、あくまでも「最長」なので、日常の食事ではせいぜい5〜10分であることがほとんど。

なぜそんなに短いのかというと、ほぼ材料を切るだけだからです。ホットクックなら切った材料と調味料を内鍋に入れるだけ。ヘルシオなら切った材料をトレイに並べるか、ザルに入れるだけ。後はスイッチを押して、10〜30分ほど放っておくだけ。だから最長15分で収まります。

その「最長15分」のために、調理家電を使うほかにも、いろいろな時間短縮のための工夫をしています。次にまとめてみましたので参考にしてください。

【時短テクニック①　野菜は洗わない】

私が「料理に使う野菜は洗わずに使っています」と言うと、よく驚かれます。「汚れが気になりませんか？」「農薬がついているから洗ったほうがいいですよ」と心配してくれる人も少なくありません。

私も、以前は農薬のことを気にして洗剤を使って洗っていましたが、よくよく考えてみたら、すべて安全基準を満たしたものが使用されているわけです。例えばもともとシメジやシイタケなどのキノコは洗わずに食べるようにパッケージにも書いてありますし、皆さん、洗うと香りも味も落ちるのでそのまま使うことが多いのではないでしょうか。それと同じで、野菜も洗わなくても大丈夫では、と考えたのです。

野菜は洗うと水分を含むため、塩分量をきちんと0・6％にしても味がぼやけておいしくなくなるなあと、以前から気になっていました。中でも、葉野菜は一度水で洗ってしまうと、水切り器を使っても完全に水分を切るのは困難です。特に、私は毎日のようにベビーリーフを食べていたので、徐々にストレスになっていました。そこであるとき、ベビーリーフ農家の友人に直接、洗う必要があるのかどうか、聞いてみたのです。その答えは「ベビーリーフは農薬をかける前に収穫しているから、洗わなくて大丈夫」というものでした。それを聞いた瞬間、非常に気持ちが晴れやかになりました。以来、ほかの野菜も土がついていない限り、そのまま使うようになったというわけです。

土壌にはいろいろな微生物が含まれているため、泥つき野菜をそのまま使うのは避けたほうがいいと思います。私も、ジャガイモや、根の部分に土がついているコマツナ、ホウレンソウなどは、よく汚れを洗い落とすようにしています。

私は何事も効率化することをモットーにしていますが、むやみやたらになんでも手間を省くことを優先にしているわけではありません。例えば、よく料理の時短アイデアとして、野菜はまとめてカットしてから冷蔵庫へ保存する、という方法がありますが、私は料理をするたびに切るようにしています。それは、切った断面が空気中の酸素に触れる時間をできるだけ短くしたいからです。酸素に触れることで素材は酸化し、乾燥も進んでおいしくなくなるため、調理の直前に切るほうが絶対的に素材のおいし

ベビーリーフはパックから洗わずそのまま使います。

さが保てます。

たとえ効率的でも、できた料理がおいしくなければ幸福度は上がりません。時短のためにおいしくもない総菜を買う行為と変わりないわけです。ちなみに、同じ理由から、私は市販のカット野菜も使いません。

【時短テクニック②　素材のカットを最適化する】

肉も野菜も、切る回数は最小限にしています。せいぜい一口大でそれより小さく切ることはほとんどありません。そのほうが作業が減って時間がかからないということもありますが、おいしさを損ねないから、ということも大きいです。

まず、切り方にはおいしさを左右する、守るべき原則があります。それは、包丁の角度を30度に保って材料を切る、ということです。

野菜を包丁で切るとき、トントントンと小気味いい音がすると、いかにも料理上手な感じがしますが、その切り方は野菜をダメにしている可能性が高いです。その音は、包丁を上下に動かして、刃全体で食材を斧《おの》のように上から叩《たた》き切っている証拠。包丁で叩き切ると、野菜の細胞を壊してしまい、水分や旨味が流出してしまうので素材の風味や味わいを損ねてしまいます。

野菜の細胞を壊さないようにするには、包丁の刃先を30度に保ったまま、奥から手

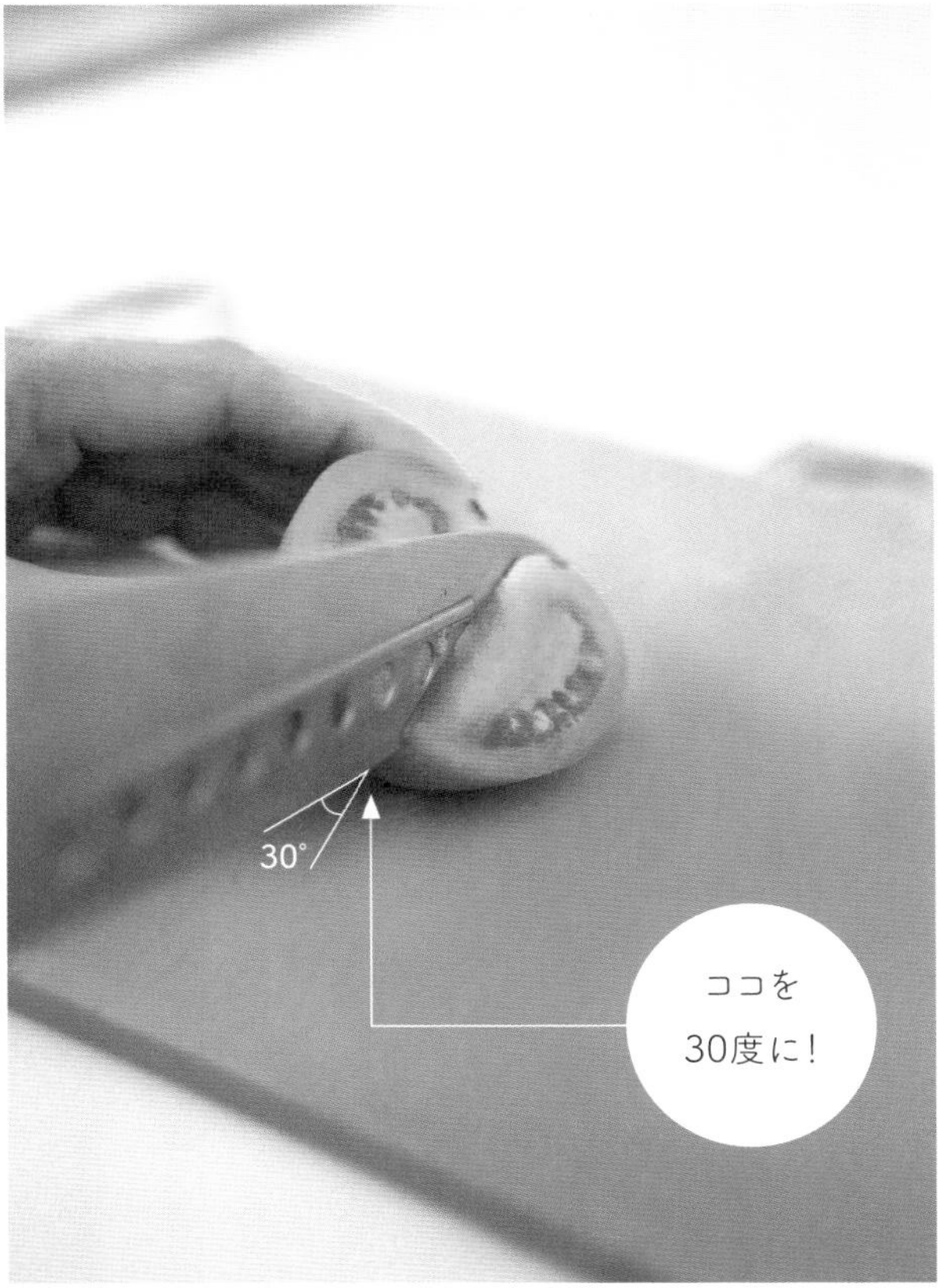

トマトもスパッと切れてつぶれず、きれいな切り口になります。

前に引いて切ります。このとき、刃全体ではなく、刃先だけを使います。

刺し身は「切る」といわずに、刺し身を「引く」といいますが、おいしさを保つ切り方のコツが、この言葉に現れているわけです。それは野菜も同じことで、できるだけ野菜も刺し身のように「引き切り」にすることで、おいしさに違いが出ます。

私にこの包丁の使い方の原理原則を教えてくれたのは、ロジカルクッキング提唱者の水島弘史さんでした。5、6年前に水島さんの料理教室で教わったのですが、そのとき、水島さんが切った生のタマネギがおいしくてびっくりしたことを覚えています。私はどちらかというとタマネギは苦手で、生タマネギを好んで食べることはないにもかかわらず、です。30度で切ると玉ねぎの細胞がつぶれることなく、あの特有のツーンとした刺激を感じることもないので、切っていても涙は出ません。よく玉ねぎを切っていて目が痛くなるのは、前述のように、上から「トントントン」と、叩き切っているのが原因なのです。

細胞を壊さず、断面の口当たりもよくなりますし、カボチャやサツマイモが煮崩れにくくなります。ザルに入れてまとめて蒸しても、角がちゃんと残ります。

そして、先にもお伝えしたように、素材を切るのは一口大までにして食べごたえを残すようにしています。

一口大を最小サイズにすることで、自分の口でしっかり噛《か》むようになるので満足感を得やすくなり、食べ過ぎを防ぐことにもつながります。一口大より大きいと噛み切る手間がかかりますが、一口大ならそのまま口に入ります。また、細かく刻んで切り口が多くなるほど、酸化する面が増えるということですから、素材の劣化も進んでしまいます。切る回数を最小限にした一口大のほうが、おいしさを感じやすいと思います。

切る作業をスピードアップ!

勝間式カットテクニック

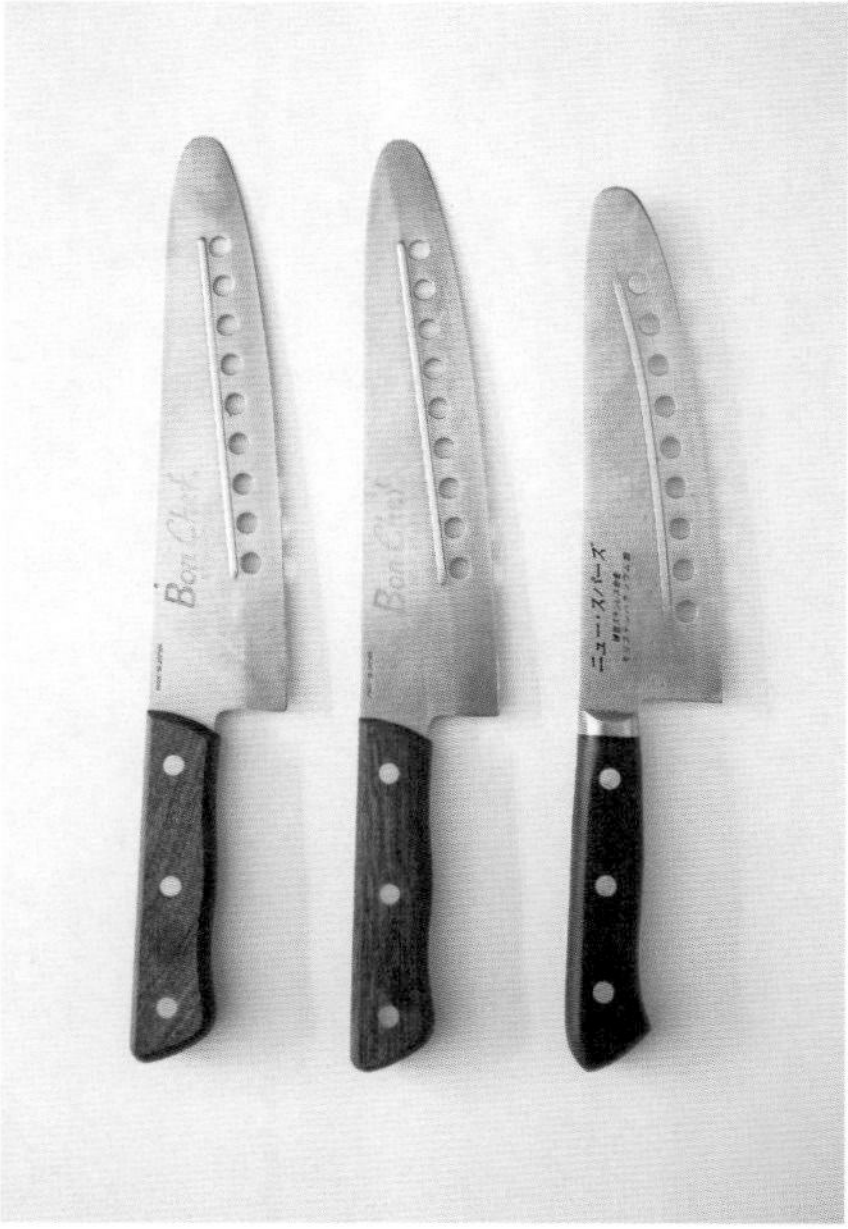

包丁は穴あきタイプがベスト!

包丁に張りついた材料をはがしながら切るだけで、かなりのタイムロス! 私はそんなストレスがない穴あき包丁を愛用。朝、昼、夕食作り用にそれぞれ1本ずつあるのは、使うたびに洗うのが面倒なので、食洗機に入れてまとめ洗いするため。

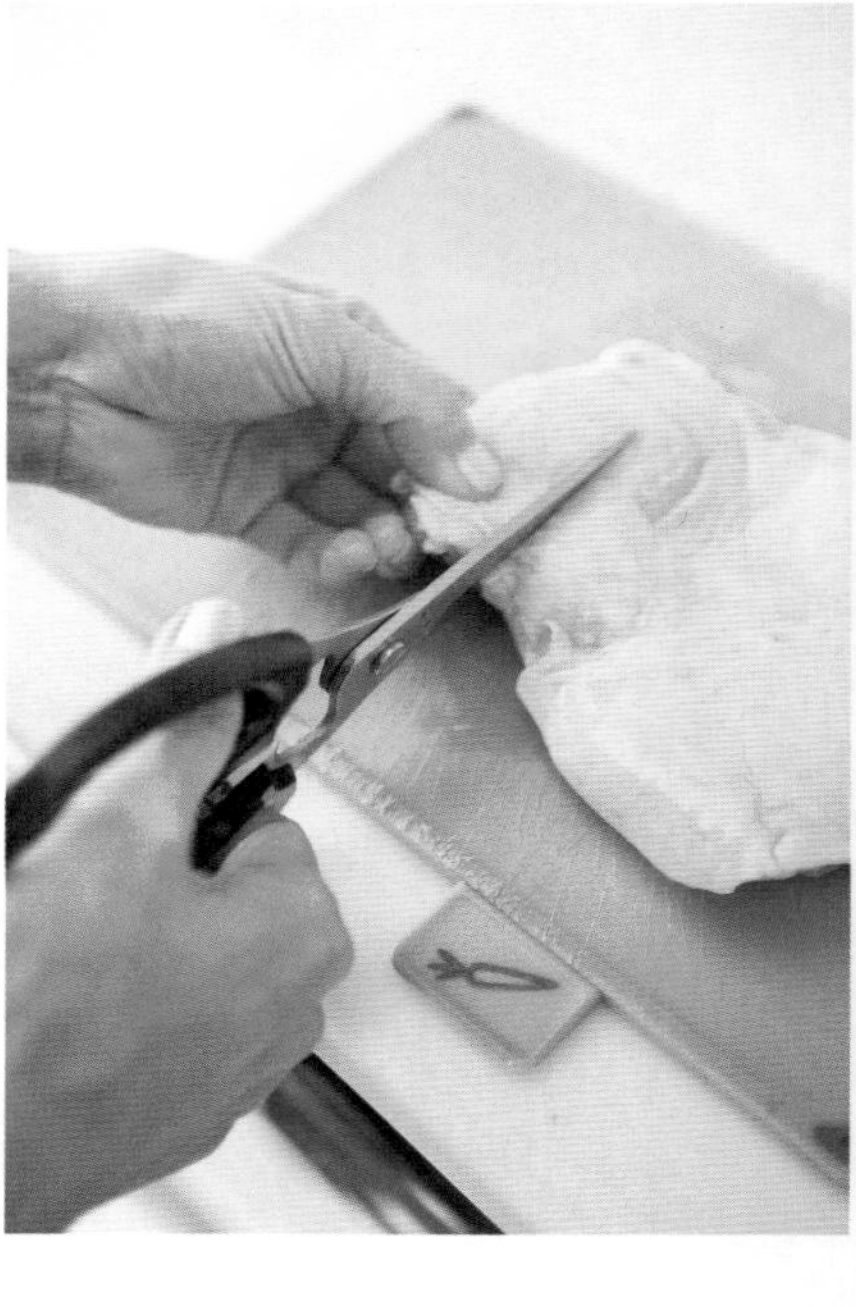

皮つき鶏もも肉はキッチンバサミで

包丁だともたつく皮つき鶏もも肉も、キッチンバサミだとサクサク切れるので断然早い! 「木屋　エーデルワイス料理バサミ」は切れ味がいいので気に入っています。

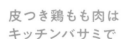

みじん切りはチョッパーで一瞬!

ミートソースやハンバーグなど、タマネギやニンジンをみじん切りにするときは、包丁で時間をかけてこまごま切っているとどんどん酸化してしまうので、一気に短時間でみじん切りにできる便利な道具に頼ります。愛用している「フィリップス マルチチョッパー」は、フードプロセッサーにありがちな切りムラがなく、しかも切った後はかごから落ちて切り過ぎないため、均一なみじん切りができるので、気に入っています。

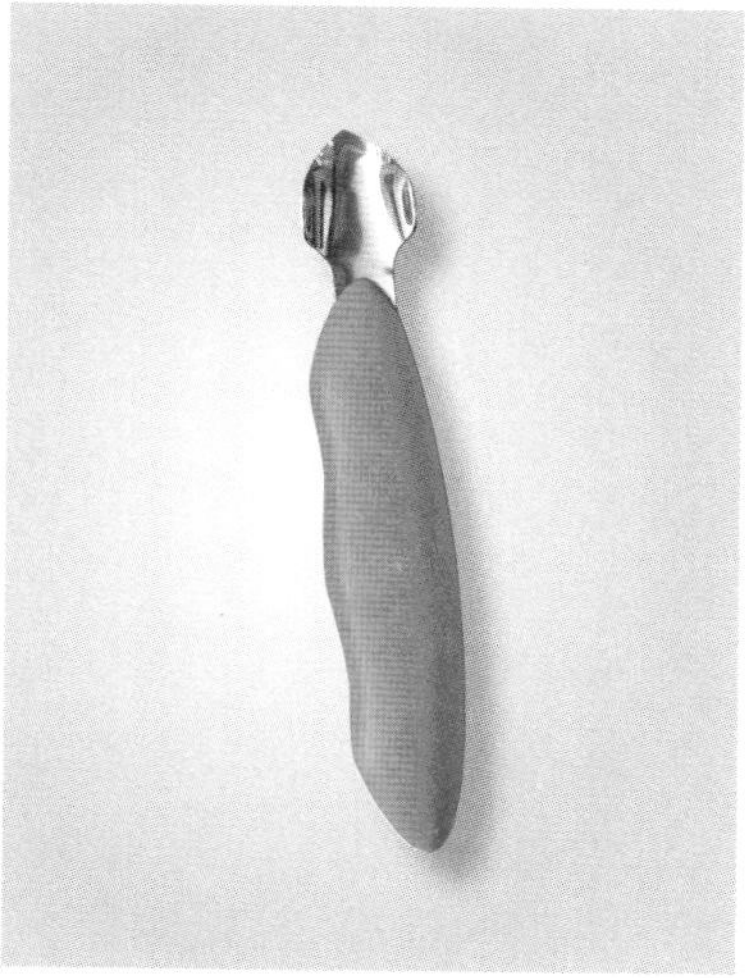

トマトのヘタも一瞬でくりぬく

トマトを4つ切りにしてからヘタをそれぞれカットすると、工程は6回。対して専用ヘタ取りでくりぬけば工程は3回と、半減します。この積み重ねが大幅な時短につながります。

皮むきが5秒で完了

面倒なジャガイモの皮むきも、スイッチ一つで終了。リンゴの皮もこれでむいています。

【時短テクニック③　基本的に手間のかかるものは買わない、選ばない】

食べることの原理原則は栄養補給なので、食材は栄養価が高いものを選ぶことを私は基本にしていますが、その扱いやすさも決め手にしています。

シメジやマイタケは、あらかじめ小房に分かれているものを買います。バラバラにする手間が省ける上、石づきを取り除いている分、可食部も多くコスパがいいからです。

逆に、安くても傷みが早いモヤシ、日持ちしないレタス、冷蔵庫の中でかさばる白菜やキャベツ、泥やヌメリがあって扱いづらいサトイモはほとんど買いません。これらの野菜は栄養価の割に扱いが難しいので、わざわざこれらの野菜を使わなくてもいいかと思っています。

牛肉を買わないのも同様の理由で、値が張る割には牛肉でしか取れない栄養があるわけではないので、普段使いはしていません。より安価な豚肉と鶏肉で十分代用できます。よく買う豚肉の部位はロース、もも肉、こま肉で、鶏肉はもっぱらもも肉と胸肉です。もちろん、来客からリクエストされた場合には、ビーフシチューやステーキ、ローフトビーフ用に牛肉を買うこともありますが、自分の食事のためだけに買うことはありません。

魚は、安くておいしいサケやアジ、サンマ、イワシ。可食部が多く煮付けにもできるブリやサバなどをよく買っています。魚を調理するときは、ヘルシオで70度蒸しにすることが多いです。

究極の時短レシピ

RECIPE **03**

材料切るだけパスタ

ヘルシオの付属レシピを見返していたら、パスタを蒸すやり方を発見！　早速やってみたところ、小麦の風味がなくならず、おいしくできたので、以来、我が家ではパスタは蒸すものになりました。パスタを蒸すための専用容器は、Amazonで見つけた電子レンジ用のものを使っています。前から、大鍋にたっぷりのお湯を沸かして大量の塩を入れてパスタをゆでるたびに「本当にこんなにお湯も塩も必要なの……？」と思っていました。時間がかかる上、一人分を作るときは水も塩ももったいない気持ちになりますし、鍋の中でパスタが踊って、熱も均一に広がりません。対して、専用容器で蒸すときに使う塩とお湯の量は圧倒的に少なく、無駄がないのが気に入っています。

イチジクとチーズとトマトの組み合わせは、どこかのおしゃれカフェの真似？　と言われそうですが、たまたま家にあるものを使ってみただけです（笑）。イチジクの甘味とチーズの塩味に合わせるなら何がいいかな、と考えたとき、酸味のあるトマトが合うな、と思い、プラスしてみました。トマトはパスタソースの定番素材ですし、水分が多いもののほうが、バランスがよくなります。白い炭水化物を取らない私は、全粒粉パスタ一択！　香ばしくてお勧めです。

材料と作り方（1人前）

全粒粉の乾燥パスタ…100g　乾燥イチジク…3個　トマト…1個
塩…上記3つの具材の総量に対して0.6％　カマンベールチーズ…30g
オリーブオイル…大さじ1

1 電子レンジ用の専用容器に水を容器の目盛りまで入れ、パスタを入れる。水とパスタの総量に対して0.6％の塩を加え、ヘルシオの手動加熱の「蒸しもの」で約20分蒸す（使用するパスタに合わせて調整を）。
※代用レシピ：大きめの鍋に湯を沸かし、塩を適量加えてパスタを適切な分数でゆでる。
2 蒸している間にキッチンバサミでイチジクを8等分にカットし、トマトはヘタを取って8等分のくし形切り、カマンベールチーズは一口大にカットする。
3 はかりに皿をのせてゼロリセットし、1のパスタをのせ、**2**を盛り付ける。
4 塩分量（0.6％）を計算して、分量の塩を上からふりかける。
例：パスタと具材の総量320g×0.6％＝塩約1.9g
5 オリーブオイルを回しかけ、全体を軽く混ぜながらいただく。

パスタ専用調理容器でレンジでチン！
Amazonで見つけたパスタ専用電子レンジ調理容器。1,000円前後で購入。

ヘルシオで20分間蒸すと、もちもちの仕上がり！　大鍋でお湯を沸かす面倒から解放されて、パスタの出番が俄然増えました。

究極の時短レシピ

RECIPE **04**

材料切るだけサラダ

海外でサラダを注文すると、よく果物が入っています。それがとてもフレッシュでおいしいので、私も自宅で果物入りのサラダを作るのが定番になりました。前述の通り、酢を足すよりも、ずっと爽やかで味に丸みが出ます。サラダに使うなら、リンゴやキウイ、ブドウなどのベリー系や柑橘類などが野菜とよく合うのでお勧めです。

先日は、酸味がない柿もサラダに入れてみましたが、これが意外とよく合いました。熟していない硬めの柿を選ぶのがコツです。カリッとした食感が、葉野菜中心で歯ごたえが単調になりがちなサラダのアクセントになります。

果物入りのサラダの塩分は、通常の0・6％より少なめにするのがお勧めで、私は0・4％にしています。塩分を控えめにすることで、甘味がしっかりと引き立ちます。

ナッツもサラダによく入れますが、私が使っているのは有塩タイプ。だから、最後に加える塩分量はナッツを除いた総量で計算しています。チーズも塩味がありますが、モッツァレラチーズは入っていないも同然（100gあたりの食塩相当量は0・2g程度）なので、加えた後の総量で塩分を計算してOKです。

材料と作り方（1人前）

ルッコラ…1パック（30~50g）　リンゴ…1／2個　モッツァレラチーズ…50g
塩…上記3つの具材の総量に対して0.4％　有塩ミックスナッツ…ひとつかみ
オリーブオイル…大さじ1

1 リンゴは縦半分に切って芯を取り、5㎜幅の薄切りに、モッツァアレラチーズは5㎜幅に切る。はかりに平皿をのせてゼロリセットし、ルッコラとリンゴとチーズを盛り付ける。

2 塩分量（0.4％）を計算し、分量の塩を1の上から均一になるようにふりかける。
例：具材の総量175g×0.4％＝塩0.7g

3 オリーブオイルを回しかけ、仕上げにナッツを散らす。

column 3

劇的時短を叶える最新家電

最新家電で、家事に革命をもたらすアイテムといえば、スマートスピーカーでしょう。私は発売されてすぐに使い始め、ほぼすべてのメーカーを試しましたが、今は最も使い勝手のよかった「Google Home」を愛用しています。

前項でお伝えしたように、料理の塩分量の計算に欠かせないほか、キッチンタイマーとしても役立ちます。タイマーをかけたいときは「OK Google、タイマー5分」、料理中にBGMがほしいときは「OK Google、ショパンを再生して」といった具合です。

「Chrome Cast」というデバイスを使ってテレビと連動させると、テレビのオン・オフも頼めますし、You Tube再生も可能なので、動画を検索するときにも便利です。あるとき、あけびをもらったものの食べ方がわからなかったので「OK Google、You Tubeであけびの食べ方を再

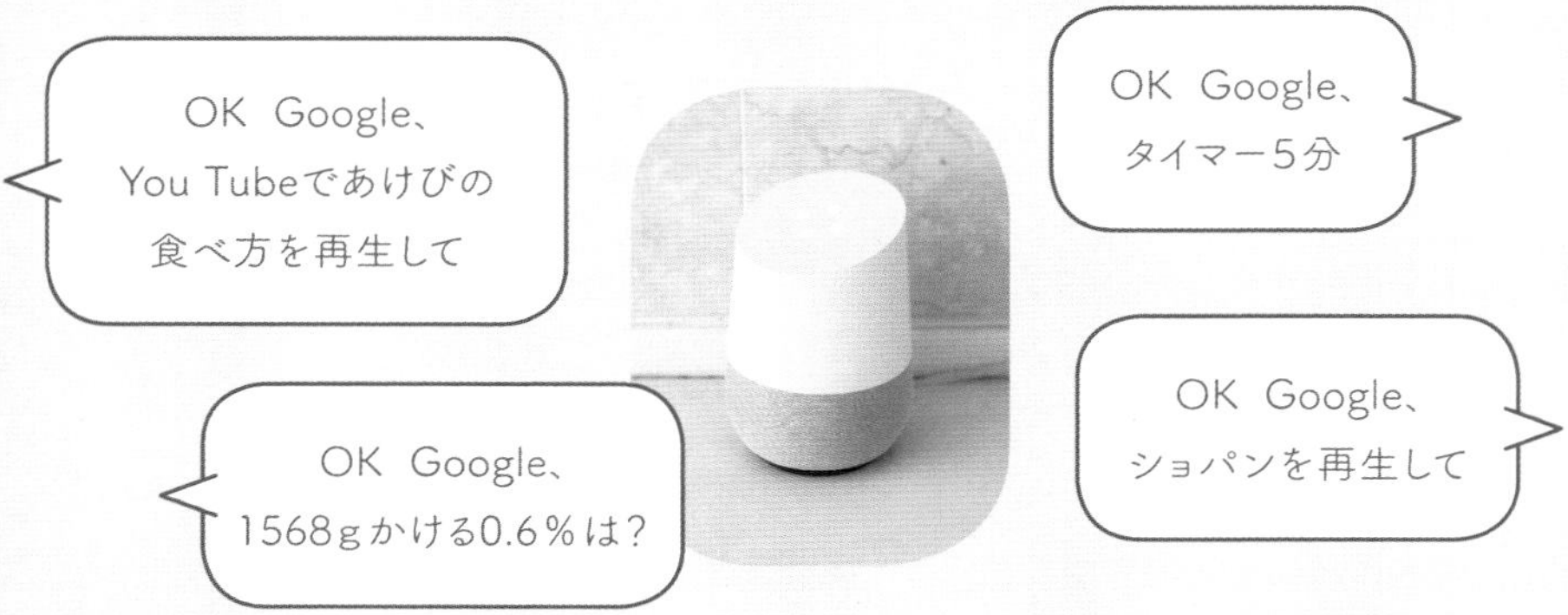
OK Google、
タイマー5分
OK Google、
YouTubeであけびの
食べ方を再生して
OK Google、
ショパンを再生して
OK Google、
1568gかける0.6%は？

生して」と動画検索をしたものを見ながら下処理をして、無事においしくいただくことができました。

これらは、計算機やタイマー、プレイヤー、パソコンなどがあれば手動でできることですが、スマートスピーカーに声をかけるだけでできると、そのときやっている作業を中断せずに済むので、生活のスピード感が断然上がります。

掃除は相変わらず、ロボット掃除機のルンバとブラーバを愛用しています。ルンバはリビングや廊下で、ブラーバは洗面所や台所で、毎日どちらも稼働させています。私が就寝する夜の11時に動くようにセットしているので、朝起きたときにはきれいになっていて、とても気持ちよく1日をスタートできます。

最近買ったもので生活を劇的に変えてくれたのは、ドーム型の猫の全自動トイレ「キャットロボット　オープンエアー」です。猫がドームの中に入るとセンサーが重量を感知し、ドームから出てしばらくすると排泄物の処理を始めます。固まった排泄物だけコンテナに捨てて、きれいな砂は残ります。

左が掃除機のルンバ、右が拭き掃除ロボットのブラーバ。毎日、サボることなく何時間でも働いてくれるすぐれもの。床が片付いていないと稼働できないので、いつも整理整頓する習慣づけができます。

これがあると、出張などで外泊するときも常に清潔な状態を保てるので、安心です。我が家の愛猫、チロちゃんとアオちゃんも、なぜか最初から怖がることなく使ってくれたのでとても助かりました。

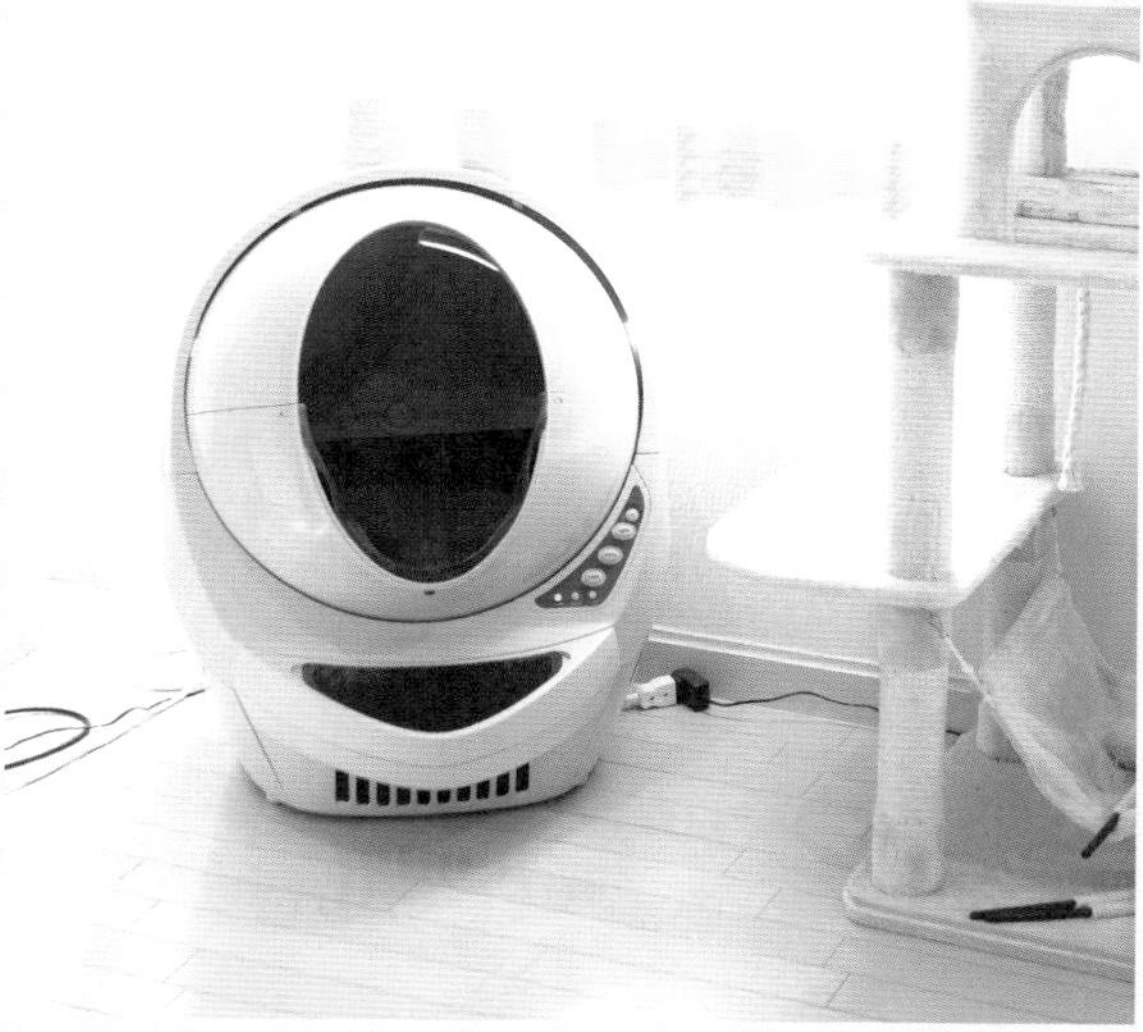

2019年のベストバイは猫用の全自動トイレ。猫が使った後、センサーが働いて排泄物を専用袋に送り、きれいな砂だけを残してくれます。2~3日の出張も、これで心配がなくなり、長年続いた猫のトイレ掃除から解放されて、ものすごく楽になりました。

第2章　超ロジカル料理で最高に健康になる

私がいくら食べても太らないワケ

◎自炊を始めてからみるみる痩せた

私の身長は158cmと割と平均的なのですが、サラリーマン時代の体重は平均からは大きくはみ出していました。一番太っていたのは多忙を極めて外食続きだった30代で、学生時代から10kg以上も増えて60kg台に突入し、小太りの中年体型に。最大時の服のサイズは、Lでもきついものがあったほどでした。

困った末、ダイエット教室に通ったり、ダイエット外来で薬を処方してもらったりして、50kg台前半までに落としたこともありますが、気づくとすぐにリバウンドして58〜59kgあたりをウロウロしていたのです。

そうした増減を40代前半まで繰り返したとき「いい加減人を頼るのはやめよう」と

決め、テレビのダイエット企画に参加したことをきっかけに、国内外の肥満に関する書物を読み漁りました。その結果わかったのは、私が太った原因は食事と運動、睡眠に問題があるということでした。そう、だれもが知っている本当に基本的な部分に問題があったのです。

食事の問題点として、最も大きかったのは、外食や加工食品ばかり食べていたことです。外食や加工食品は、万人受けするように砂糖や油脂を大量に加えて〝おいしさの演出〟をしています。低脂肪や低糖が売りの商品も、実際に成分表示を見ると、低脂肪の場合は砂糖を、低糖の場合は油脂を加えて味をごまかす、というカラクリが存在します。そうしないと、消費者がおいしいと思わないので売れないからです。

砂糖や油脂を取り過ぎて消費されなかった分は、当然ながら体内で脂肪として蓄えられます。だから**たとえ少量でも痩せることはなく、平均的な量を食べただけで脂肪となって太るのです。**もし、自分は大した量を食べているわけではないのに痩せない、あるいはなぜかどんどん太っていくと感じている人は、間違いなく外食や加工食品の虜になっています。

さらに詳しく知りたい人は、アメリカのジャーナリストであるマイケル・モスの『フードトラップ　食品に仕掛けられた至福の罠』（日経BP社）を読むことをお勧めします。私たちは忙しさのあまり、加工食品を多用するようになりましたが、それによって健康を害するほどの添加物を摂取していることがわかります。そして、忙しさを言い訳にして加工食品を食べ続けると、さまざまなツケが回ってくることに気づけます。

食事の2つ目の問題は、栄養が不足していたこと。特にタンパク質とビタミン、ミネラル、食物繊維が足りていないことでした。

実は、肥満している人ほど栄養失調であることが多いと私は思います。なぜ太っているのに栄養が足りていないのか？　一見矛盾しているようにも思えますが、現代の食事は、カロリー過多・栄養不足であることが多いのです。ダイエットというと、どうしてもカロリーを抑えることばかりに気を取られがちですが、それで痩せても必ずリバウンドします。私はかつて、これを何度も経験しました。

栄養価が低い食事では、体はなかなか満たされません。人間の体で水分の次に多いのはタンパク質です。それが不足していれば体は満たされなくて当然です。ビタミン、ミネラル、食物繊維は、体内で発生する活性酸素を緩和するなど、体のリズムを整える役割があるので、不足するとさまざまな不調が現れます。

栄養が不足した状態に人が耐えられるのは短期間のみで、我慢が限界に達すると、反動で過食行動に走ります。しかも、手っ取り早くエネルギーになる甘いものやご飯、麺、パンなどを過剰に欲するのが特徴です。それが、ダイエットの後にリバウンドするメカニズムです。過食をしないと、体が必要とする栄養を補えない、という言い方もできるでしょう。

この2つの問題をクリアするため、自炊を基本にした食生活に切り替えたところ、確実に体重も体脂肪も落ちていきました。食物繊維とタンパク質、ビタミンとミネラルを意識し、砂糖を避けた食事を5～6年続けた今では、食べたいだけ食べても太らなくなり、以降、今現在も体重50kg弱、体脂肪率20％前後をキープしています。3食お腹いっぱい、おいしいものを食べているので、まったくストレスはなく、十分な栄養を補えているため体調も人生で最高にいいです。特に寝つきと目覚めは格段によくなりました。

毎食に食べる量はだいたい次の通りです。

・主食：全粒粉パン1～2枚、もしくは豆入り玄米ご飯を1～2杯、もしくはパスタ100g（具材が多いときは70～80g）

・主菜：肉、豆、卵、チーズなどのタンパク質食材を約100g

・副菜（サラダ）：野菜、キノコ、豆、果物を合わせて300g

結構量が多いので「たくさん食べるんですね！」と驚かれることもあります。夜はもう少し軽いですが、だいたいこれぐらい食べると、毎食およそ20gずつのタンパク質を摂取できるので、体重1kgにつき1g取ることが推奨される1日のタンパク質摂取量（体重50kgなら50g）をクリアできます。サラダも総量がおよそ300gで、そのうち100gはタンパク質なので、ここまでしっかり取れるわけです。残りの200gは野菜やキノコ、豆、果物など食物繊維が豊富な食材になります。そのサラダを毎食のように食べていると、すこぶる体調がいいことを実感できます。厚生労働省が推奨する1日の野菜の摂取量350gも、余裕でクリアできていると思います。

こうした食生活はお金がある人しかできない、と言う人もいるかもしれませんが、食材費を計算すると、1食分300~400円の範囲です。光熱費も1食あたり100円を上回ることはないので、合計した額をコンビニやスーパーのお弁当と比べても、ずいぶんと割安です。

栄養価は、いうまでもなく自炊したもののほうが断然上ですから、コスパ的に迷う余地はありません。外食で同じようなものを食べようとしたら、1食1000円を超えるでしょう。外食産業の食材費は、だいたい売値の3分の1ですから。

もし、「いろいろなダイエット法を試したけれど全然痩せない」「何を食べても太る」と嘆いているとしたら、できるだけ自炊を心がけて、タンパク質とビタミン、ミネラル、食物繊維の摂取を心がけてください。すぐに結果は出ませんが、少しずつ、確実に理想に近づきます。体が必要とする栄養が補われることで、冷えや便秘、イライラなどの不調も解消しやすくなります。

つい最近のことです。仕事が忙しくて外食が1週間ほど続いたのですが、それであっさり1kg太りました。揚げ物などは避け、できるだけ健康的なメニューを選んで量を少なめにしていたにもかかわらず、です。原因は料理の質以外に考えられません。外食やお弁当のメニューは野菜の量が圧倒的に少ない一方で、調理に使用する油やバター、マーガリンは大量です。我が家では使わない砂糖やみりんなどの「隠れた糖分」も多用されています。世の中に出回る市販品や外食で、砂糖や砂糖に相当する人工甘味料が入っていないものはないと言っても過言ではないでしょう。

その後、自炊生活に戻ったところ、太った分量を減らそうなどと無理をせず、食べたいものを食べているだけで1週間ぐらいで苦もなく元の体重に戻りました。余計な調味料を使わなくても、食材本来のおいしさを引き出す低温調理ができるホットクックやヘルシオのおかげです。

◉自炊だからできる「シュガーフリーライフ」

私の食生活の大きな柱の一つに「シュガーフリー」があります。食生活の中で砂糖を取らないように気をつけているのですが、そう言うと、糖質を含む穀類や野菜、果物も控える糖質制限をしていると思われることがあります。それは誤解で、**シュガーフリーとは、食物から取り出して精製した砂糖や人工甘味料をはじめ、それらが含まれる調味料や加工食品を制限することです。**

欧米諸国では、数年前から砂糖はアルコールやニコチンと同じように依存性・中毒性が高いものとして注意喚起されており、「マイルドドラッグ」とも呼ばれるほど、その危険性に警鐘が鳴らされるようになりました。

砂糖を摂取すると血糖値が急上昇し、それを下げるためにインスリンというホルモンが多量に分泌されます。すると一気に血糖値が下がりますが、**インスリン抵抗性というインスリンが効きにくくなる状態になって、太りやすくなってしまうのです。**

また、エネルギーとして使われなかった糖は内臓脂肪として残り、AGE（エージーイー、終末糖化産物）という老化物質の産生につながります。その老化物質が心臓病やがん、脳卒中などあらゆる生活習慣病の元になることは、数々のエビデンスが物語っています。

さらに、人工甘味料の場合、自然界にない人工的な成分で作られているため、脳が糖として認識できないのも問題だといわれます。自然の糖なら摂取すると脳が糖として認識し、血糖値が上がることで満足感を得られますが、**糖として認識できない人工甘味料の場合、脳は糖が入ってきていないと判断するため、もっともっと、と欲し続け、いくら食べても満足できないため食べ過ぎる結果になってしまうのです。**

砂糖を使用した加工食品が多いことから、砂糖の使用を規制をすると利害関係が多く発生するため、規制は難しいでしょう。テレビＣＭなどで流れる食品のほとんどすべてに砂糖は入っているわけで、スポンサーとの関係上、規制したくてもできないのが現状だと思います。

繰り返しますが、外食でも砂糖やみりんなどの「隠れた砂糖」が多用されているので、シュガーフリーを実践するには不向きです。シュガーフリーを実践するには圧倒的に自炊が有利で、食材本来の自然な甘味や旨味を引き出す低温調理ができます。ホットクックやヘルシオを使えば、塩やオリーブオイルだけなど、調味料は最小限で済むのです。

ヴィーガン料理でメープルシロップやアガペシロップが使われるように、天然の甘味料ならOKという考え方もありますが、それらに関しても私は能動的には取りません。外食時に受動的に取ることはありますが、ミネラルが豊富な黒砂糖も取りません。理由は血糖値をコントロールしたいからです。血糖値の乱高下で太ったり、眠気やだるさに襲われたりするのは極力避けたいので、血糖値を急上昇させるものは、基本的にすべてNGにしています。

私が砂糖を使うのは、パンを焼くときだけ。酵母を発酵させるために1斤あたり10～15g使用しています。市販のパンだと砂糖の量を把握できませんが、自家製なら、砂糖の量を把握できるので安心です。

スイーツを果物に置き換える

シュガーフリーをしていても「甘いものを食べたいなあ」と思うことがあります。そんなときは、果物を食べています。リンゴ、ブドウ、キウイ、ナシ、モモなど、果物はなんでも好きで、よく食べています。先にお伝えした通り、サラダの材料としてもよく食卓に登場しています。

果物はビタミンや食物繊維などの栄養が取れるので満足度が高く、食べ過ぎることがありません。果物の果糖も血糖値を上げますが、リンゴやブドウなら皮ごと食べますから、一緒に食物繊維も摂取できるので、血糖値の急上昇を抑えることができます。

そもそも、果物のように種をとったり皮をむく必要がある食べ物は手間がかかる分、無節度に食べることがありません。それに引き換え、市販のお菓子は袋を開ければすぐに食べられる状態になっているから、ついつい食べ過ぎてしまいます。

最も手間がかかる果物といえば、栗です。専用の皮むき器を使っても、すごく手間がかかります。それでも、おいしいから頑張ってむいて食べますが、むいているうちに時間がたって、満腹中枢が働き始めるため、食べ過ぎることがありません。市販の向いてある甘栗は、1袋ペロリと平らげてしまうので、要注意です……。

ちなみに、絞って食物繊維を取り除いた果汁のジュースにも注意が必要です。「果汁100%」と書いてあると、なんだか健康的な気がして安心して手を伸ばしてしまいがちですが、食物繊維が取り除かれているため、純度の高い糖質です。急激に血糖値

食べる投資　ハーバードが教える世界最高の食事術

満尾 正／

最新の栄養学に基づく食事で、ストレスに負けない精神力、冴えわたる思考力、不詞
痛み、病気と無縁の健康な体という最高のリターンを得る方法。ハーバードで栄養
を研究し、日本初のアンチエイジング専門クリニックを開設した医師が送る食事術。

◆対象：日々の生活や仕事のパフォーマンスを上げたい人

ISBN978-4-86643-062-1　四六判・並製本・200頁　本体1,350円＋税

眠る投資　ハーバードが教える世界最高の睡眠法

田中奏多／著

昼の生産性は夜の過ごし方で決まる！ 一流のビジネスパーソンは“動くための休み方”を熟知している。超多忙な毎日でも睡眠に投資することで脳ネットワークを調整し、パフォーマンスを発揮。心と脳と身体を整え、究極の眠りを手に入れる方法。

◆対象：仕事でよりよいパフォーマンスを発揮したい人

ISBN978-4-86643-081-2　四六判・並製本・196頁　本体1,350円＋税

薬に頼らずアトピーを治す方法

宇井千穂／著

40万部ベストセラーシリーズ最新刊！ 人気女優も足しげく通うアトピー性皮膚炎の名医が教える治療法を漫画入りでわかりやすく解説！ ステロイド・抗アレルギー薬に頼らない体質改善法を紹介。

◆対象：アトピーに悩んでいる人

ISBN978-4-86643-091-1　B6変形判・並製本・188頁　本体1,300円＋税

きみと息をするたびに

ニコラス・スパークス／著
雨沢 泰／訳

著者累計1億500万部！「ニューヨーク・タイムズ」でもナンバーワンとなった話題の一冊、ついに日本上陸！ 大人の男女が出会い、数十年の月日と大陸を超えた愛を伝える、一大恋愛叙事詩。

◆対象：ラブロマンスが好きな人

ISBN978-4-86643-078-2　四六判・並製本・352頁　本体1,500円＋税

天気が良ければ訪ねて行きます

イ・ドウ／著
清水博之／訳

韓国で20万部突破！ パク・ミニョン × ソ・ガンジュン豪華共演のドラマ原作本、ついに邦訳刊行！ 心温まるヒーリングロマンス。傷つくことを恐れる人、傷つくことに疲れた人。それぞれが再び人生を歩み始めるまでの、心温まる愛の物語。

◆対象：韓国ドラマが好きな人、ラブロマンスが好きな人

ISBN978-4-86643-087-4　四六判・並製本・424頁　本体1,500円＋税

グラッサー博士の選択理論　全米ベストセラー！

～幸せな人間関係を築くために～

ウイリアム・グラッサー／著
柿谷正期／訳

「すべての感情と行動は自らが選び取っている！」
人間関係のメカニズムを解明し、上質な人生を築くためのナビゲーター。

◆対象：良質な人間関係を構築し、人生を前向きに生きていきたい人

ISBN978-4-902222-03-6　四六判・上製本・578頁　本体3,800円＋税

アチーブメント出版　書籍ご案内

http://www.achibook.co.jp

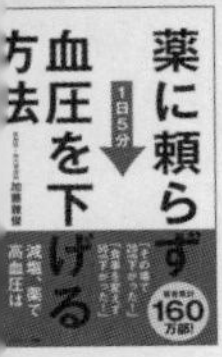

薬に頼らず血圧を下げる方法

25万部突破！

加藤雅俊／著

血圧を下げるのに、降圧剤も減塩もいらない！　薬剤師・体内環境師の著者が教える、たった１分の「降圧ツボ」と１日５分の「降圧ストレッチ」で血圧を下げた人が続々！血管を柔軟に、肺活量をアップして、高血圧体質を改善する方法。

◆対象：高血圧の人、減塩食や降圧剤に嫌気がさしている人

ISBN978-4-86643-005-8　B6 変形判・並製本・192 頁　本体 1,200 円＋税

学び方の学び方

バーバラ・オークレー & オラフ・シーヴェ／著
宮本喜一／訳

オックスフォード大、ハーバード大、イェール大、MIT、東大、北京大。300 万人が学んだ脳の仕組みを活用した学習法。語学、プログラミング、料理、スポーツ……。どんなことでも必ず身につく神経科学と認知心理学に基づいた 10 の戦略。

◆対象：勉強しているのに結果が出ない、いつも先延ばしにしてしまう人

ISBN978-4-86643-088-1　四六判・並製本・296 頁　本体 1,600 円＋税

一生折れない自信がつく話し方

青木仁志／著

40 万人以上に研修し、300 名を超える講演家を育成したトップトレーナーが教える話し方。自信をもって話せるようになることで、行動力・意思決定力・継続力、人生で叶えたいことを実現するために必要な能力が向上。

◆対象：人前でうまく話せない人、自信をもって話せるようになりたい人

ISBN978-4-86643-080-5　四六判・並製本・200 頁　本体 1,350 円＋税

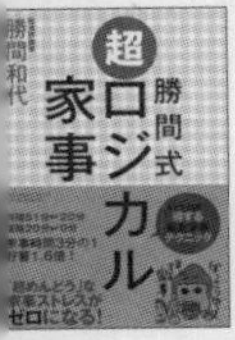

勝間式　超ロジカル家事（文庫版）

勝間和代／著

５万部突破のベストセラーを文庫化！「家事のすべてが超めんどう」「貯金がまったく増えない…」をスパッと解決！　現代最強の効率化＆経済の専門家が教える、家事と家計を徹底的にラクにする方法。

◆対象：家事をめんどうに感じる人、家事に追われている人

ISBN978-4-86643-089-8　文庫・並製本・268 頁　本体 670 円＋税

藤川徳美／著

薬に頼らず
子どもの多動・学習障害をなくす方法

かんしゃく、無気力、朝起きられない、勉強についていけない……といった「困りごと」や、ＡＤＨＤや学習障害、自閉症などの発達障害は、質的栄養失調が原因だった！心と体が不安定な子どもを薬に頼らず改善させる、食事のとり方がわかる一冊。

◆対象：子どもの不調が気になる人、子どもの心と体を食事で健康にしたい人

ISBN978-4-86643-059-1　四六判・並製本・208 頁　本体 1,300 円＋税

〒141-0031　東京都品川区西五反田 2-19-2 荒久ビル４F
TEL 03-5719-5503 ／ FAX 03-5719-5513
[公式ツイッター]@achibook
[公式フェイスブックページ]http://www.facebook.com/achibook

を上げてしまうので気をつけてください。

糖質制限をしている人は、果物の果糖も気にしますが、糖度が高い果物でもせいぜい15％程度でしょう。リンゴの場合、大きめのもので1個200gぐらいですから、

そのままおやつにしたり、サラダに入れたり、我が家の食卓には果物がひんぱんに登場します。そのため、3～4種類は常備しています。

リンゴはそのまま食べたり、サラダにしたり。リンゴもブドウも、皮をむかずに丸ごと食べています。皮に含まれる食物繊維は血糖値の上昇を緩やかにしてくれる、食べる薬。果物を食べても太らない工夫です。

半個食べたときに摂取する糖質は15ｇです。

ＷＨＯ（世界保健機関）では、「遊離糖類（砂糖、ハチミツ、ショ糖、ぶどう糖、シロップなど）」の1日の摂取量は25ｇを上限にすることを推奨しています。この遊離糖類とリンゴに含まれる果糖はまったくの別物ですが、仮にリンゴの果糖を遊離糖類とみなしたとしても、半個分の15ｇは上限の25ｇを余裕で下回っています。

そのため、私は果物を食べる分には量をあまり気にしていません。そもそもリンゴは半分も食べるとお腹がいっぱいになるので、食べ過ぎる心配もあまりないですし、食物繊維やビタミンなどの栄養を摂取できるというメリットがあります。

警戒すべきは、食物から取り出して精製した砂糖や人工甘味料をはじめ、それらに含まれる調味料や加工食品です。それらを制限すれば、体重や体脂肪が大幅に増えることはないと実感しています。

ほかにも玄米を精製した白米、小麦の表皮や胚珠《はいしゅ》を取り除いて精製した小麦粉など、「白い食べ物」全般を取らないようにしています。家に置いていないのはもちろん、外食をするときも極力避けています。大福やクッキーを人からいただいたら、封を開けずにご近所さんやマンションの管理人さんにおすそ分けしています。

一時期、シフォンケーキなどのスイーツ作りにハマっていた時がありましたが、果物よりおいしいものはないことに気づいてから、めっきり作らなくなりました。

食物繊維は痩せ薬

自炊をするメリットの一つに、野菜やキノコ、豆、果物などに含まれる食物繊維がたくさん取れることがあります。

ベジタリアンでも地中海ダイエットでも、有名な食事法やダイエット法に共通しているのは「野菜をたっぷり食べること」ですが、それは「食物繊維をたくさん取ること」と同義です。つまり、**食物繊維が痩せるカギを握っている、ということです。**

私は、血糖値の急上昇を防ぎ、腸内環境を整える「食べる薬」として食物繊維を取っています。不足するとすぐ便秘になって、腸内環境が悪化するのがわかります。

食物繊維を取るポイントは、水溶性の食物繊維と不溶性のものをバランスよく取ることです。

食物繊維には水に溶ける水溶性と、水に溶けない不溶性の2種類があります。果物に含まれているのは水溶性食物繊維で、野菜、豆、キノコに含まれているのは不溶性食物繊維です。一部で、便秘がちな人が食物繊維を取り過ぎると逆に詰まりやすくなる、と指摘されますが、両方取ることでその心配がなくなるといわれています。実際に、その通りだと実感しています。

外食やコンビニのお弁当、デパ地下の総菜などで食物繊維をしっかり取ろうとすると、かなり高額になります。健康維持のための食物繊維を取りたいなら、食材を買って自炊をするのが、現実的な選択肢となるでしょう。

私が、食物繊維が痩せるカギを握っていることに気づいたのは40代です。それまで、どれだけ無駄なダイエットや食事制限を繰り返してしまったことか……。皆さんは、そんな無駄な回り道をしないように、ぜひ次からご紹介する食物繊維がたっぷり取れる料理を生活に取り入れてください。

食物繊維が取れる我が家の"常備薬"、キノコと豆。キノコはだいたいこの量を2〜3日で食べ切ります。豆は大豆や黒豆、レンズ豆など数種類をミックスして混ぜて保存。多種類のほうがいろいろな風味が合わさって、ぐんとおいしくなります。

痩せる薬レシピ

RECIPE **05**

キノコのマリネ

生のキノコは1パックにつき、100~150gぐらい。このレシピでは4種類のキノコ、合わせて400gを使います。それを蒸したら、だいたい300g強になります。ザルに山盛りだったのが、ぱっと見、半分ほどになりますからキノコの水分量の多さを実感します。

水分が抜けたキノコは食物繊維の塊。噛みごたえが増すので、早食いや食べ過ぎを防げる上、腹持ちもとてもいいのでダイエットには最適です。

今回使ったシイタケ、マッシュルーム、マイタケ、シメジのほかに、エノキダケやヒラタケを使ってもおいしくできます。3種類以上のキノコを使うと、食感と味のバリエーションが広がって、より楽しめると思います。

温かくても冷めてもおいしい一品なので、常備菜として重宝します。サラダに加えたりグリルチキンの付け合わせにしたり。そのままパンにのせて食べるのもお勧めです。

私は有機のアップルビネガーを使っていますが、酢ならなんでもOKです。酸っぱいのがお好きな方は、多めにかけても。全体を混ぜてから5~10分置くと、味がなじんでよりおいしくいただけます。

材料と作り方(作りやすい分量)

好みのキノコを4種類…各100gずつ(ここで使ったのはシイタケ…5〜6個
マッシュルーム…7個　マイタケ…1/2パック　シメジ…1/2パック)
塩…具材の総量に対して0.6%　アップルビネガー…大さじ1/2　オリーブオイル…大さじ1

1 シイタケ、マッシュルーム、シメジは包丁で石づきを切って縦3〜4等分に切る。マイタケは手で小房に分ける。ホットクックの内鍋に入る大きさの足つきのザルに、カットしたキノコを全部入れる。

2 ヘルシオに**1**をセットする。「まかせてコース」の「蒸す・ゆでる」を選択して、スタートボタンを押す。
※代用レシピ:蒸し器の水が沸騰したら中火にし、キノコを入れて8〜10分蒸す

3 ボウルをはかりにのせてゼロリセットし、蒸し上がった**2**を入れ、その総量に対して0.6%の塩を計算して加える。
例:具材の総量324g×0.6%=塩約1.9g

4 **3**にアップルビネガーとオリーブオイルを加えて全体を混ぜる。

蒸した後は
こんなに
カサが減って
食物繊維の塊に。

←

こんな
たっぷりの
キノコも……

痩せる薬レシピ

RECIPE **06**

キノコとキウイのサラダ

キノコの中で、唯一生食が可能といわれるマッシュルーム。加熱したものとはまったく異なる、シャキシャキ感とサクサク感の中間のような独特の食感を楽しめます。果物とチーズとの相性もバッチリです。

リンゴとモッツァレラのサラダと同じく、この切って盛るだけのサラダは時間のない朝はもちろん、帰宅が遅くなった日の夕食にも便利な一品です。

多くの人は、手軽にできる朝食のレパートリーは持っていますが、意外と夕食の時短レパートリーを持っていないものです。料理をする気がしない日や帰宅が遅くなった日のお助けレシピとして、切るだけサラダはお勧め。タンパク質にビタミン、食物繊維もしっかり取れる、栄養たっぷりのサラダです。後は、おにぎりやパンがあれば十分でしょう。

今回使った2種類のチーズは塩味がやや強め(100gあたりの食塩相当量は0・5〜0・8g程度)なので、最後に加える塩分量はチーズを除いた総量で計算しています。

2種類使ったのは、ほかの食材の食感も似ているため、バリエーションを増やしたほうがおいしくなると思ったから。ハードなパルミジャーノと、ソフトなミモレットを両方入れるのが気に入っています。

材料と作り方(1〜2人前)

マッシュルーム…2個　　キウイ…1個　　トマト…1個
塩…上記3つの具材の総量に対して0.4%の塩
パルミジャーノ・レッジャーノチーズ…15g
ミモレットチーズ…15g
　※チーズは熟成タイプなら何でもOK
オリーブオイル…大さじ1

1 マッシュルームは包丁で薄切りに、キウイは皮をむいて5㎜幅の輪切りに。トマトはヘタを取り、輪切りにする。チーズは食べやすい大きさに切る。はかりに皿をのせてゼロリセットし、切った材料を盛り付ける。
2 総量に対して0.4%の塩を計算して、分量の塩を上からまんべんなくふる。
例:具材の総量240g×0.4%=塩約0.9g
3 パルミジャーノ・レッジャーノとミモレットのチーズを**2**の上にのせて、オリーブオイルを回しかける。

◎プロテインとサプリも飲んでいます

私は10代後半から30年間、ずっと便秘に悩まされてきました。食べ物に気を使おうが、お腹をマッサージしようが、運動しようが、水分をたくさん取ろうが、これといった効果を得られませんでした。便秘薬を飲んで、だましだましなんとかやり過ごしてきた、という感じです。

しかし、腸は「第2の脳」といわれるほど重要な臓器ですし、腸内環境を整えることは免疫力を左右するので、ずっと自分の中で大きな懸念となっていました。そこで、一昨年（2018年）、重い腰を上げて「便秘外来」の診察と検査を受けたのです。

その結果、「10歳のときに受けた盲腸の手術痕が癒着していて、右半分の腸がほとんど動いていないため、腸の中にいつも便が滞っている状態」だったことがわかりました。

さすがにこの状態では、自力でコンスタントな排便を促すのは難しい、と言われ、医師の指導のもと、乳酸菌含有食品の「BIBIO（ビビオ）」と食物繊維の「ファイバープロ」、酸化マグネシウム、漢方薬の「桂枝茯苓丸（けいしぶくりょうがん）」を服用するようになりました。
おかげで、30年ぶりに「腸が動くとはこういうことか！」というお腹の動きを感じられるように。触るとずっと冷たかったお腹も温かくなって、冷えが改善していることからも効き目を実感しています
そのほか、粉末タイプのプロテイン飲料も飲んでいます。明らかにタンパク質摂取量が足りないときだけの緊急埋め合わせアイテムですから、飲む頻度は決まっていません。とはいえ、こうしたお助けアイテムを常備しておくと心強いものです。デカフェの紅茶を飲むときに、ミルク代わりに入れることもあります。

私の弱点である腸をケアするための食物繊維と乳酸菌のサプリメント、巡りをよくするためのツムラの漢方薬「桂枝茯苓丸」は毎日摂取。プロテインは「ビーレジェンド」のミルキー風味。こちらはタンパク質不足を感じたときのサポートに。

◎カレー、シチューにルーはいらない

我が家のカレーは非常にシンプルで、肉、野菜、カレー粉、塩、オリーブオイルだけで作っています。ホットクックの無水調理で食材のおいしさを引き出せば、カレー粉だけで十分味が決まります。コンソメも、長時間炒めて作る飴《あめ》色の玉ねぎも必要ありません。

カレーは市販のルーを使うのが当たり前だと思っている人は、ぜひ一度だまされたと思って118ページのレシピを試してみてください。ルーがないほうが、ずっとカレーがおいしくなることに気がついてもらえるはずです。シチューを作るときにも、私は市販のルーは使いません。牛乳と小麦粉があれば、十分事足りるからです。

シチューやカレーのルーを使いたくないのは、味だけでなく、市販品に大量に含まれる油脂を取りたくないからです。**ルーの総量のうち、半分どころか7～8割は油脂で占められていることをご存知でしょうか。中でも「トランス脂肪酸」といわれる、**

健康被害が問題視されている油脂が多量に含まれています。

トランス脂肪酸とは、化学的な処理によって生まれた自然界には存在しない油脂です。**顕微鏡で見るとプラスチックに酷似していて、化学式で表してもプラスチックと共通することから、「食べるプラスチック」という異名がついています。**パンに塗るマーガリンやお菓子に使われるショートニング、コーヒーに入れるクリームに多く含まれ、人体への悪影響を報告するリポートが多く存在します。

欧米諸国では、トランス脂肪酸を使った商品が販売禁止になっています。近年、日本でも危険という意識が広まって、コンビニやスーパーなどでもトランス脂肪酸フリーの商品が増えてきたようです。

ただ、日本人のトランス脂肪酸の摂取量は欧米人のように多くないせいか、さほど規制が広まらない印象があります。欧米人ほど摂取していないとはいえ、積極的に取らないほうがいいものであることには、変わりありません。

そのほか、ルーに含まれているもので多いのは人工甘味料や化学調味料などの合成添加物です。ルー以外にも「〇〇のタレ」や「〇〇のもと」などの合わせ調味料にもトランス脂肪酸や合成添加物は多く含まれています。その油分と甘味で、万人受けするおいしさを作っているわけですが、私にはどれも後味が悪くてギブアップという感じです。

私が特に後味が悪いと感じるのは、人工甘味料の「ぶどう糖果糖液糖」が入っているものです（果糖ぶどう糖液糖と表記されることもあります）。安価な甘味料なので、ルーや化学調味料に限らず、すべての加工食品に入っているのではないかと思うほど多用されています。同じめんつゆやソースでも、ぶどう糖果糖液糖が入っているものと入っていないものでは、後味の違いが歴然としています。入っているもののほうが安価ですが、一度ぜひ入っていないものを試してみてください。

そもそも、合わせ調味料もルーと同様に、基礎調味料を使って作れるものが多いと思います。自分で作れば圧倒的に安くできます。中華料理の合わせ調味料に多い箱入りの商品の価格のうち、コストを大きく占めているのは、パッケージのフルカラー印刷とパウチの袋の代金です。

きれいな見栄えの良い包装紙や箱などのパッケージに大切に包まれた食品は、中身の食材にお金がかかっているわけではありません。そうしたパッケージに対して、私たち消費者はお金を払っているようなものです。パッケージを作るためのデザイナーやカメラマン、コピーライターに払う報酬も、商品の値段にはのっています。だから、加工食品の金額は高くなります。

加工度が高い食品ほど、豪華なパッケージに包まれているものです。逆に野菜や肉、魚や卵などの生鮮食品は、食品そのものが目に見える形で売られています。逆にパッケージされるとその鮮度もはかれないので不安になりますから、消費者の買う気が失せてしまいます。中身が見えない袋に包まれた肉や野菜を買う人は少ないのではないでしょうか。

パッケージに包まれた食品ほど、加工度が高いということ。たまのお楽しみとして楽しむぐらいに留めるぐらいが無難だと思います。

ルーなし調理

RECIPE **07**

基本のカレー

このカレーが誕生したきっかけは、トマトやナスなどの野菜をオリーブオイルで煮るラタトゥイユでした。私は昔からラタトゥイユが好きでよく作っていましたが、家族にはなぜか不評で……。あるとき、余ったラタトゥイユを「どうしよう……」と眺めていたとき、ふと「カレー粉を入れてみたらどうだろう?」と思って、やってみたらこれがヒット! 娘たちにも好評で、以来、我が家のカレーの原型として定番化しました。今まで数々のレシピ本を見てきましたが、これに類似するものを見たことはありません。

飴色タマネギやコンソメなどを入れなくても味が決まるのは、食材の旨味を引き出す低温調理ならではですが、ほかにも二つ理由があります

まず一つは、ホットクックは無水調理ができるので、トマトを水分として使っていることです。生のトマトがないときはトマトジュースを使います。

もう一つは、カレー粉は加熱をしてから最後に加えるのでその風味が飛ばないこと。私がよく使うカレー粉はS&BかGABAで、今回は12g入れてマイルドな辛さにしました。辛めが好きなら2~3g増やして調整してください。また、豚肉の代わりに鶏肉を使ってもおいしくできますよ。

材料と作り方(4～5人前)

豚肉…200g　タマネギ…大1個　ジャガイモ…中3個　ニンジン…1本
シメジ…1パック　トマト…中4個　塩…具材の総量に対して0.6%
オリーブオイル…大さじ1　カレー粉…12g

1 タマネギは皮をむいてから包丁で一口大(8～10等分)に切り、ニンジンはピーラーで皮をむいてから縦に2等分し、幅5～6㎜のいちょう切りにする。ジャガイモは皮をむき、残った芽の部分を取り除いてから大きめの一口大に。トマトはヘタを取り6～8等分にする。豚肉は一口大(3～4㎝)、シメジは石づきを切り落とし小房に分ける。ホットクック用の内鍋をはかりに乗せてゼロリセットし、切った材料を入れて重さを計る。
2 **1**の総量に対して0.6%の塩を加える。　例:具材の総量1550g×0.6%=塩9.3g
3 **2**にオリーブオイルを上から回し入れ、ホットクックにセット。「チキンと野菜のカレー(無水カレー)」コースを選択してスタートボタンを押す。
※代用レシピ:無水鍋に具材を入れて中火で加熱して、沸騰する直前で弱火(90度)にする。汁の水面が波立たない状態を保ち、ときどきかき混ぜながら、約20分加熱する。
4 加熱が終わったら、カレー粉を加えてひと混ぜする。

カレー粉は加熱してから、最後に加えると風味が生きたカレーに仕上がります。

ルーなし
調理

RECIPE **08**

基本のシチュー

タマネギの甘味がよく出て、ジャガイモとニンジンのホクホク感や鶏肉とマッシュルームのプリッと感を楽しめる、ホットクックを使った料理の中でも大好きな一皿です。

ホットクックのオリジナルレシピにも載っているクリームシチューのレシピだと、食材はもっと多く、コンソメも使われ、さらに小麦粉はふるいにかけてから加えるなど、手間がかかる感じだったので簡略化しました。私は、いろいろなレシピを見ながら簡略化できるところを探します。「小麦粉はふるいにかけなくてもダマにならないようにすればいいな」とか、「この食材は彩りのためだから入れなくてもOKだな」とか、簡略化できる要素は結構あります。

ただし、くれぐれも牛乳は必ず煮込みが終了した後に入れましょう。水と一緒に最初から入れてしまうと、電子レンジで加熱し過ぎたときのように失敗します。

小麦粉は多めに感じると思いますが、具材の総量に対して3％にあたる分量を入れないと、とろみがしっかりつかないので、思い切って入れてください。

オリーブオイルの代わりにバター、鶏肉の代わりに豚肉を使ってもおいしくできます。お子さんがいるご家庭なら、甘味が出るコーンを入れるのもお勧めです。

材料と作り方（4～5人前）

鶏もも肉…1枚　タマネギ…大1個　ジャガイモ…中3個　ニンジン…1本　マッシュルーム…7個　小麦粉…具材の総量に対して３％　水、牛乳…具材の総量に対してそれぞれ20％　塩…具材の総量に対して0.6％　オリーブオイル…大さじ1

1 タマネギは皮をむいて包丁で一口大、ニンジンはピーラーで皮をむいてから、縦に２等分し幅5㎜のいちょう切り、ジャガイモは皮をむき残った芽をとったら大きめの一口大、マッシュルームは包丁で半分に切る。鶏もも肉はキッチンバサミで一口大に切る。ホットクック用の内鍋をはかりにのせてゼロリセットし、切った材料を全部入れる。

2 **1**の総量に対して、３％にあたる量の小麦粉を加える。
例：具材の総量1100ｇ×３％＝小麦粉の量33ｇ
小麦粉を加えたら内鍋を両手で小さく振り、小麦粉と具材を均等に混ぜる。→

3 具材の総量に対して20％に当たる量の水と牛乳を測る。
例：具材の総量1100ｇ×20％＝220ｇ＝220ml
水だけを**2**に加える。牛乳は後で加えるのでとっておく。

4 具材と水と牛乳の総量に対して0.6％の塩を加える。
例：具材＋水＋牛乳の総量＝1540ｇ×0.6％＝塩約9.2ｇ

5 **4**にオリーブオイルを回し入れてホットクックにセット。「クリームシチュー」コースを選択してスタートボタンを押す。※代用レシピ：鍋に具材を入れて中火で加熱し、沸騰する直前で弱火（90度）にする。汁の水面が波立たない状態を保ち、ときどきかき混ぜながら、約20分加熱する。

6 加熱が終わったら牛乳を加え、さらに3分加熱する。

牛乳を入れるのは最後！

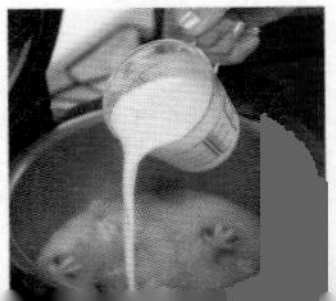

出汁要らず!

RECIPE **09**

基本の味噌汁

以前は、味噌汁には昆布とかつお節の水出しの出汁を使っていました。でも、あるときふと「旨味成分が豊富な野菜やコクが出る油脂を含む食材を使えば、出汁なしでもイケるのでは？」と思い、試しに作ってみたら想像以上においしくできたのです。ということで、我が家の味噌汁は出汁なしが定番になりました。

味噌汁に合う、旨味成分が豊富な食材といえば、キノコです。今回使ったエノキダケに限らず、シメジでもシイタケでもキノコならなんでも構いません。キノコは出汁の素です、と断言しておきましょう。

コクが出る油脂を含む食材は、油揚げか豚肉がお勧めです。この二つを入れれば味噌汁として十分成立しますが、さらにサツマイモやカボチャ、ジャガイモなどの根菜を入れると、ホクホクとした食感と甘味が加わっておいしさがアップします。甘味が味噌の塩味によく合って、日本人が大好きな甘じょっぱさが後を引く味になるのです。

ホットクックのかき混ぜ機能は、味噌汁を作る上ではやや荒っぽいため、調理時間が長めの自動メニューで作ると煮崩れすることも。そのため、ジャガイモならせいぜい8つ切りに。小さく切ってしまったら、手動コースにするのがお勧めです。

材料と作り方（4〜5人前）

サツマイモ…2／3本（約200g）　エノキダケ…1袋　油揚げ…1枚
水…具材の総量と同量　味噌…具材と水の総量に対して5％

1 サツマイモは包丁で大きめの一口大、油揚げは一口大に切る。エノキダケは根元を切り、長さを半分に切ってほぐす。ホットクック用の内鍋をはかりにのせてゼロリセットし、切った材料を全部入れる。
2 内鍋に具材の総量と同量の水を加える。
3 **2**の総量に対して5％の味噌を加える。
例：（具材の総量418g+水418g）×5％＝味噌41.8g
4 **3**をホットクックにセットし、自動メニューの「味噌汁」コースを選択してスタートボタンを押す。
※代用レシピ：無水鍋に具材、具材の総量と同量の水を入れて中火で加熱し、沸騰する直前に弱火（90度）にする。汁の水面が波立たない状態を保ち、約5分加熱したら火を止めて味噌を溶き入れる。

内鍋に材料と一緒に味噌をポンッと入れておしまい。出汁なし、味噌を溶き入れる作業もないので、世界最速でできる味噌汁です。

column

4

人生最大の投資は、健康

私がいくら食べても太らないワケとして「加工食品をやめて、栄養のある食事を取ること」と前述しましたが、それが勝間式ダイエットの3本柱の一つ目だとしたら、二つ目は「日常的にしっかり動く習慣を身につけること」です。

太っていたときは多忙を極めていたこともあり、移動は車が中心で、家事は家政婦さんに頼み、買い物は宅配で届けてもらう、という感じで日常的に体を動かすことがほとんどありませんでした。

今では、生活の中で極力こまめに動く機会を作り、1日に最低2時間は運動をする時間を確保するようになりました。1駅分歩く、駅の中では階段を使う、車で移動しなければいけないときは、あえて目的地から離れた駐車場に停めて歩くようにするなど、ちょこちょことチャンスを見つけては動くようにしています。

タニタの体組成計はハンドルを持って乗ると、体重から体脂肪率、筋肉量まで計測してくれます。数字を毎日チェックするとモチベーションアップになるので、決まった時間に毎日測るのがお勧めです。

一時期は自転車を移動手段にもしていましたが、最近は1日1万歩を目指しているため、もっぱら歩くことにシフトしました。歩数と心拍数が100に上がった時間（運動時間）をスマートウォッチで記録・管理していて、1日2時間動いたときの消費カロリーは、だいたい200～300㎉です。

記録したデータは三日坊主防止アプリの「みんチャレ」で、いつもみんなで報告し合っています。ブログやフェイスブックなどなんでもいいので、グループを作って競い合ったり励まし合ったりする仕組みを作ると、運動を継続させやすいと思います。私は「1日1万歩以上歩く」「ゴルフの練習」「睡眠管理」の3つに加入していて、それぞれのテーマごとにグループを作ってやっています。

体重と体脂肪はタニタの体組成計で定期的に測って、差分をチェックするようにしています。

かつてはジムに通っていることで「運動している気」になり、日常的に動く工夫をしませんでした。しかし、週に1～2回のジム通いでは、座りっぱなしのデスクワーカーの運動不足はまったく解消されません。「座っている時間が長いほど寿命が短くなる」という研究発表が昨今話題になりましたが、喫煙や飲酒と並ぶほど健康被害が大きいのが、長時間座りっぱなしの習慣だといわれるようになりました。

一番座る時間が長くなってしまうのは、やはりデスクワーク中です。そこで、私は仕事しながらでも動くことができる「スクワットチェア」を愛用しています。スポーツ用品メーカーのMIZUNO（ミズノ）の「トレーニング椅子 スクワットアーブル」で、この椅子を使い始めたら、就寝時や起床時に感じていた腰痛がピタッと治まりました。逆に、出張などで3～4日使えないだけでも腰が重く感じ出します。やはり、なくなると効果がわかるものですね。足のだるさやむくみが軽減するのも実感できます。

勝間家のおうちジム
三種の神器

1

長時間の座りっぱなし防止に導入した、ミズノのスクワットチェア。腰痛、ひざ痛が下火になったきっかけになりました。

2

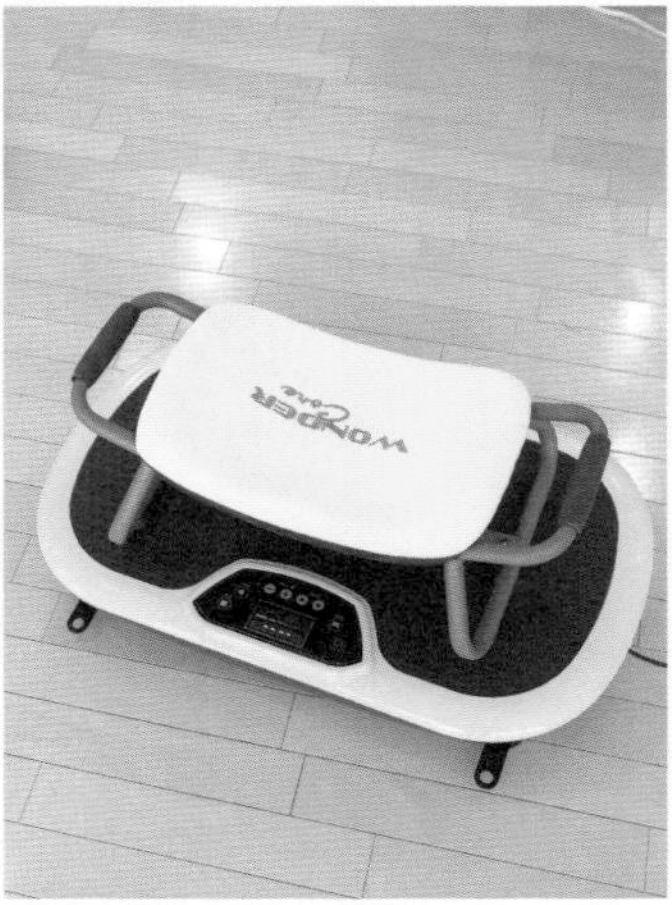

最近導入したのが、ワンダーコアの振動マシン。小刻みに振動するチェアに座るだけで全身運動ができるのに惹《ひ》かれて購入。しばらく乗っているだけで体がぽかぽかしてきます。

3

リビングの隅に設置した筋トレのためのベンチとダンベル。腰にクッションを入れて仰向けに寝るだけでも、腰がストレッチされて腰痛が緩和されます。

また、デスクのすぐ脇に振動マシンを置いて、仕事の合間の気分転換などに乗るようにしています。人から振動マシンが運動不足解消にいいと聞いて、「ワンダーコア Rock N Fit 3D振動マシン」というものを買いました。座った状態と立った状態の2つの使い方ができて、座ると腰に振動が伝わりやすく、腰回りに効く感じがします。しばらく乗っていると、全身がじんわり温かくなります。

調べたところ、これは「他動運動」といって、自力以外の器具などが動くことでそれに体が反応して動く運動に分類されます。以前、運動は自分の意志で続けようとすると、手加減したり、あるいは続かなくなったりしてしまうので「やらされ感があるといい」という話を聞いたことがあるのですが、確かに納得できます。

また、私のスマートウォッチには、1時間座り続けるとアラームが鳴る機能があります。つい仕事に夢中になって立つことを忘れてしまうので、こうした機能に頼るようにしています。

自宅でできる楽しい有酸素運動としてお勧めなのが、VRゴーグルです。私は

VRゴーグルでeスポーツ「ビートセイバー」を始めると、あっという間に2時間はたっていて、汗びっしょりに。前から迫ってくるブロックを、両手の剣で切り落として点数を稼ぐゲームですが、これが結構な全身運動に。これを始めた当初、体重がぐんぐん落ちたのには驚きました。

VRゴーグルを使ったeスポーツ「ビートセイバー」を週に1～2回は楽しんでいます。

このゲームはリズムゲームで、両手に持ったライトサーベルで迫ってくる障害物を叩き切るというものですが、やり始めるとつい夢中になって、あっという間に2時間たっています。スペース的には2m四方あればできますが、小さく移動しながらずっと手を動かし続けるので、すぐに汗だくになります。これぞまさしく、令和時代の新しい有酸素運動だと思います。

ジムで筋トレ&トランポリン

最近になって、パーソナルトレーニングジムにも熱心に通うようになりました。通ってからしばらくたって、ようやく腕の筋肉量は115%弱、脚の筋肉量は110%までついてきましたが、まだまだ。目標は

120%です。

当初申し込んだジムはとにかく苦痛で、通うのがつらくなってしまったので、筋トレ仲間に相談し、その方が10年続いているというところを紹介してもらいました。新しいトレーナーになったら、意外と快適で気持ちよく続けることができるように。紹介してくれた女性は70代ですが、ぱっと見には60歳前後にしか見えないほど若々しく、私が密かにお手本にしている方です。その方に、若さと健康の秘訣を聞いたら「週に2回筋トレをしている」と即答。その言葉が私の背中を押してくれました。

どんな分野でも、この人すごいな、と思う人がいたら、秘訣を聞くのが成功する原理原則ともいえます。実践者の言葉には学ぶことが多く、自分で目的を達成する方法やアプローチ法を模索するより、聞いたほうが圧倒的に近道です。

筋トレを再開した後、トランポリンも始めました。たまたま見学に行ったジムの一つ下のフロアにトランポリン専用のジムがあって、参加者からすごく楽しいと聞いたので始めたところ、ハマりました。1回45分、40人ぐらいのグループレッスンで、多いときは週3回通ったほど。

そこで発見したのは、パーソナルトレーニングのトレーナーより、グループレッスンを指導するインストラクターのほうが優秀だということです。パーソナルは指導相手の一人からしかお金を得られませんが、グループレッスンだと40人からお金をもらえるため、ジムはより優秀な人材をそこへ採用できるからです。

見た目も、グループレッスンのインストラクターほど美男美女が多い印象です。中には、タレントさんですか？　と思うほど美形の方も。運動する上で目の保養は必要ありませんが、運動し続ける上では、カッコいい先生に教わるほうがモチベーションになることは確かでしょう。

トランポリンはひたすらジャンプするだけですが、腹筋を中心に体幹トレーニングになります。縄跳びと同じ原理ですが、足腰に負担がかかりにくいのもメリットだと思います。

良質な睡眠もダイエットには必須

勝間式ダイエットの3本柱の3つ目は「毎日最低7時間、目標8時間寝ること」。睡眠の主なメリットについては68ページの「原理原則を知る効果」で述べた通り、病気や老化を防ぎたかったら寝るのが一番で、さらに、睡眠がちゃんと足りた状態だと、食欲をコントロールするホルモンのバランスが整いやすくなります。

食欲をコントロールするホルモンには、食欲を抑えるレプチンと食欲を促進するグレリンの2つがあります。睡眠時間が短く活動時間が長くなると、その分、体はグレリンの分泌を増やして食欲を増進し、栄養摂取に努めようとします。逆に、睡眠時間をちゃんと取れば、活動時間が短くなる分レプチンの分泌が増えて食欲が抑制されます。その結果、適正体重になって体型を維持しやすくなる、というわけです。

私は一日のスケジュールを組むとき、毎日8時間の睡眠時間を確保してから、残りの時間を仕事や家事、会食、運動にあてるようにしています。実際に、ちゃんと寝るようになったら食欲の乱れがなくなって、食べ過ぎがなくなったことを実感します。多くの場合、仕事を最優先でスケジューリングしますが、その結果、一番しわ寄せがくるのが睡眠時間です。深夜残業をしたり、徹夜をしたりして仕事の遅れの埋め合わせをしようとします。ところが、睡眠不足の脳では生産性は格段に落ちますし、そんな無理のある生活は長くは続きません。生活と仕事の両方が破綻することになりやすいのです。まずは必要不可欠な睡眠時間を一番にスケジューリングして、残りの時間をほかのことに割りあてることをぜひ実践してほしいと思います。

睡眠の時間と質は、HUAWEIのスマートウォッチで管理。

私は睡眠の時間と質もHUAWEI（ファーウェイ）のスマートウォッチで測っていて、質は100点満点中80点以上を目指しています。時間だけではなく質も上がると、当然ですが昼間に眠くなることがなくなって、パフォーマンスがよくなります。疲れにくくなって、集中力が持続しやすくなっています。

かつて、自分は夜型人間だと信じて疑っていませんでしたが、そんな私でも22～24時の間に寝て6～8時の間に起きられるようになりました。きっと、夜型というより、単に睡眠のリズムが乱れていただけだったのだと、今では思います。

アルコールとカフェインのやめ方

私は33歳まで、アルコールを習慣的に飲んでいました。その後8年間遠ざけた期間があり、40代に入ってすぐ1年間だけ飲んで再びやめ、それ以降ずっと飲んでいません。8年もやめていたというのに、40代に入って飲み出したら、あっという間に元のペースに戻り（実は私は結構飲めるクチでしかもお酒が結構好きです）、お酒の中毒性の高さに驚愕したのを覚えています。

多くの方は実感されていると思いますが——アルコールを摂取すると、思考能力や判断能力が落ちて生産性が下がります。慢性的に摂取すると肝臓をはじめ、消化器、循環器、神経、筋肉など、すべての臓器に障害を来す恐れがあるといわれるほど、健康被害は甚大です。

こうした健康被害のこともありますが、私が飲酒をやめようと思った一番の理由は、「お酒を飲んでいるときに脳が平常になり、お酒がないと脳が飢餓感に陥る」という、いわばお酒に自分がコントロールされている状況から抜け出したかったからです。お酒に限らず、タバコや砂糖、カフェインなどの中毒になり、脳や精神状態の自己コントロール権を奪われるような不自由な状態は、私の望むところではありません。人生からなるべく遠ざけたいと、強く思いました。

どうやってやめたかというと、とにかくお酒を家に置かない、お酒を飲む場所に行かないというシンプルな方法です。会食のときも「あの人はお酒を飲まない人」という認識を持ってもらって、周りが飲んでいても私は一人で炭酸水を飲む、といった形をとっています。「1杯くらいなら」と口をつけたが最後、その1杯が2杯になり、3杯になりとあっという間に飲酒していたころのペースに戻ることは、すでに経験済みです。つき合わない、近付けない、視界に入れないことで、人生から遠ざけています。

そんな人生つまらないんじゃない？　と言う人もいますが、お酒がないほうが、生活が快適になりました。過度の飲酒の後の不快な症状もなく、アルコールに満腹中枢が乱されることもないので食べ過ぎることもなく、いつも体が楽です。睡眠も明らかに深くなって、思考がいつも澄んでいるのは、本当に気持ちがよいものです。

年々、お酒がなかなか抜けなくなった……と感じている人は、まずは3日間、徹底的にお酒を断ってみてください。すぐにそのメリットに気がつくと思います。

カフェイン飲料の代表のコーヒーは、去年（2019年）の春ごろまでコーヒーメーカーで淹れたものを1日5～6杯飲んでいましたが、やめました。それ以前にも数回カフェイン断ちを試しては失敗し、やっとのことで断つことができました。

カフェインは、それ自体にものすごく害があるかというとそうではなく、カフェインを入れないと稼働しない体になることが問題です。先述の通り、自分の体のコントロール権を失うことが、最も私が嫌だと思うポイントです。カフェインを取ると、脳の血管が収縮して、手足の末端にも血液が行き渡らなくなるから冷えやすくなります。逆に、カフェイン断ちをすると脳の血管が膨張するため、頭痛が起きます。実際、私も2週間ぐらい頭痛に悩まされました。その頭痛がカフェイン断ちに失敗する原因ですが、なんとか耐えて頭痛が消えると、ほぼ同時にコーヒーを飲みたいという欲求もすっかり消えました。寝つきが格段によくなって、布団に入ってなかなか寝つけないということも皆無に。

カフェイン飲料はコーヒーのほかに、紅茶、緑茶、ほうじ茶、ウーロン茶などのお茶も含まれます。お茶に含まれるカフェインは少ないので、まず断つべきはコーヒーでしょう。ただ、お茶はどこに行っても当たり前のように出てくるので、無意識のうちに多量に飲みがちです。もし来訪先で出してもらったときには「お水をいただけますか」とやんわり言えば、失礼にはならないと思います。

今、我が家ではドリンクメーカーの「KEURIG（キューリグ）」で、カモミールやミントのハーブティーのカプセルをセットして淹れています。デカフェの紅茶のアールグレイやマンダリンオレンジなども用意していますが、ハーブティーのほうがおいしく感じられるようになりました。

問題は、このキューリグのノンカフェインのカプセルは、日本では売っていないため、アメリカから個人輸入しなくてはいけないことです。もともと1個50セントぐらいですが、送料と関税で倍の1ドルぐらいになってしまいます。それで

愛用しているカプセル式コーヒーマシンの「KEURIG（キューリグ）」。ハーブティーやデカフェの紅茶のカプセルをセットしてボタンを押すだけの手軽さが気に入っています。

も、並行輸入品よりはよっぽど安価なのでよし、ということにしています。
ティーバッグのハーブティーも使ってみましたが、ワンタッチで淹れられるキューリグの便利さには勝てませんでした。

砂糖、アルコール、カフェインの中で断ったほうがいい順番は、アルコールが最優先でしょう。健康被害が最も高いのがアルコールだからで、次に砂糖、カフェインという順番で断つのが、断ちやすい順番だと思います。

アルコールも砂糖もカフェインも、断つときは家に置かないようにするのが基本です。次に重要なのは、中毒症状が抜けるまではコンビニに行かないことです。コンビニはそれらの商品が山のように売っている、中毒の温床のようなところだからです。

また、周囲の人たちに、砂糖を断っていることを伝えることもお忘れなく。

第3章　超ロジカル料理で劇的においしくなる

◉レストランよりおいしい、早い、安いから自炊が続く

繰り返しになりますが、家事で最も労力がかかるのは料理、そして最も健康的な生活を支えるために質を上げるべきなのも、料理です。その両方を同時に実現するのが調理家電です。料理の手間と時間を劇的に減らすと同時においしさをアップしてくれる、現代の素晴らしいテクノロジーであることを、再度強調したいと思います。

比較的料理好きで、数百冊の料理本を読みあさり、数々の料理教室へ通いながらあれこれ試してきた私が、鍋やフライパンを駆使して丁寧に料理をしても、定食屋さんのような普通の味にはなりますが、シェフが作るレベルのご飯は作れません。それが、調理家電を導入してから、明らかにシェフが作る料理と同等、もしくはそれ以上においしいご飯が作れるようになりました。今では、友人たちと会食をするときには我が家へ招待して、手料理を振る舞うことが常になっています。レストランで食べるよりもずっとおいしくて、しかも圧倒的に安くすむからです。

忙しい毎日のなかで頑張って自炊をしたとしても、外食や買ってきたお惣菜と味が

変わらない、しかも買い物は大変だし時間もかかるし後片付けも大変……となってしまえば、多少金額が高くなっても楽な方がいいやとなって、自炊をしなくなってしまいます。

だから、調理家電を使って、超ロジカル料理で自炊をして欲しいのです。

❶ 外食やお惣菜よりも、ずっとおいしい。

❷ 外食に出かけるより、お惣菜を買ってくるより、手間も時間もかからない。

❸ 外食やお惣菜よりも、ずっとお金がかからない。

この3つのポイントがそろえば、自炊をしない理由がありません。

さらに、**化学調味料や人工甘味料などの余計なものを使わずに済むので、食事が健康投資になりますし、体重や体脂肪のコントロールも断然しやすくなります。**

◉加熱のし過ぎが料理をまずくする

なぜ調理家電を使うとプロ並みのおいしい仕上がりになるのか？　その一番の理由は、加熱のコントロールが完璧になるからです。

料理がおいしくなくなる最大の原因は、加熱のし過ぎです。熱を入れ過ぎて肉が硬くなったり焦げたり、水分もうまみも抜けたベチャベチャの野菜になったりすると、料理は台無しです。手間や時間がかかるメニューだったり、高価な食材を使っていたりしたら……ショックは大きく、悔やんでも悔やみきれないほどでしょう。

私の料理本のバイブルに、ロジカルクッキングの提唱者である水島弘史さんの『強火をやめると誰でも料理がうまくなる』（講談社）があります。この本を読んで、はじめて「適温調理」という概念を知り、おいしさの常識が一変しました。

水島さんは、**野菜炒めもフライパンが冷たいうちに野菜を投入して弱火でじっくり時間をかけて炒めることを推奨しています。**

野菜炒めといえば、強火にかけたフライパンを大きく動かしながら作るイメージがあったので、これには驚きました。それまで、ＩＨクッキングヒーターで調理していましたが、この本を読んで以降は強火を封印、どんなに強くても中火以上にはしないようになりました。それだけで、食材本来の味が出て、おいしくなったことを覚えています。

それと並行して、低温蒸し調理の第一人者である平山一政さんの『毎日すごくおいしい70℃蒸し』（幻冬舎）を読んでからは、低温調理が簡単にできるヘルシオやホットクックを多用するようになりました。

「適温調理」を始めたことは、私の料理のレベルが格段に上がった、大きな転換点でした。

水島さん、平山さんが二人とも共通して言っているのは、**「肉を蒸すときの温度は70~80度が基本」ということです**。肉の種類や厚みによって加熱する時間は異なりますが、鶏肉は15~20分、豚肉は20~30分が目安になります。

野菜を蒸す場合は、キノコ類や葉野菜は60～70度で10～15分、根菜類は90～100度で20～30分。焼く場合は160～180度のオーブンを多用します。フライパンはあっという間に200度になってしまって加熱し過ぎになるため使っていません。

◉火加減は調理家電におまかせがベスト

ここまでお伝えしてお気づきかと思いますが——鍋やフライパンで低温調理をするのは、とても難しくて大変です。

温度計で計る手間がかかる上、適温を維持する火加減に神経を使いますし、当然ですが弱火なので、加熱時間もけっこうかかります。

煮ものの場合、鍋に具材を入れて中火で加熱して、沸騰する直前で弱火（90度）にし、汁の水面がフツフツと波立たない状態を保ちながら加熱し続けることになります。IHクッキングヒーターならその場を離れることができますが、ガス台の場合、離れることはできません。

時間のある週末なら、火の番に数十分かかってもよいかもしれませんが、平日の朝や夜の食事づくりで5分、10分が勝負のときに、そんなことはやっていられないわけです。結果、味を犠牲にして強火でガッと短時間でできる料理——肉が硬くて野菜はシナシナの、イマイチなものができてしまう、というわけです。

だから、放ったらかしで完璧に加熱温度のコントロールをしてくれる調理家電が重宝するわけです。加熱に時間がかかる煮込み料理や蒸し豆も、セットしておくだけであとはおまかせするだけ。加熱が終われば音や音声で知らせてくれるので、あとはお皿に盛り付けるだけで、ベストな火加減で調理されたおいしい食事ができる……これは、一度経験するともう手放せなくなるほど助かります。

ホットクックなら残った料理をそのまま適温で保温もできるので、生活時間が違う家族がいる家庭にとっては助かります。いつ帰ってきても、おいしくて温かい料理が食べられるのは、ありがたいものです。

なんでも驚くほどおいしくなる蒸し料理

◉蒸すとおいしくなるメカニズム

「蒸し料理にまずいものなし」。これが私の持論です。

蒸すのは蒸し器を出すのが面倒だからやらない、という人が結構いますが、それは蒸し器をめったに使わないために、取り出しにくいところへしまっているのが一因です。蒸し料理を料理の基本にして、毎日使うフライパンや包丁、まな板などのレギュラー陣と同じぐらい取り出しやすい場所に置くようにすれば、ハードルはグッと下がるでしょう。ホットクックやヘルシオがあれば、さらに、取り出す手間も省けます。

蒸し料理の最大の長所は、調理の過程で栄養価を損なわず、味が落ちないことです。

ゆでるとゆで汁に栄養が流出し、焼くと加熱温度が高いためによほどうまくやらないと食材を傷め、食材の水分が飛び過ぎて硬くなります。電子レンジやシリコンスチーマーでも蒸せますが、水蒸気で蒸していない分、味や食感は少し落ちると感じます。

その点、たっぷりの水蒸気で蒸したものは食感よく仕上がりますし、冷蔵庫で1〜2日保存しても味も食感も劣化しません。出来立てだけではなく、冷めてもおいしく食べられます。

低温蒸し調理の第一人者である平山一政さんは**「肉は蒸すことで柔らかくなり、野菜は水分が補われて本来のみずみずしさを取り戻す」**と表現していますが、**まさしくその通りです。**また、油を使わずに加熱できるのもメリットでしょう。さらに、蒸し料理は加熱する温度や時間に神経質にならなくても、仕上がりに大きな違いがなく、失敗がありません。

私は、以前はヘルシオのウオーターオーブンレンジを「巨大な蒸し器」として使っていて、肉も野菜もなんでも蒸していましたが、最近は、根菜を蒸すときはホットクックを使っています。ヘルシオは70度の低温でできる「ソフト蒸し」という機能があり、それでキノコ類や葉野菜を蒸すのが好きでしたが、根菜類はホットクックで100

度で蒸しても、仕上がりにさほど違いがないことに気づいたからです。むしろ、ホットクックの蒸し方のほうが上手かもしれません。後片付けがヘルシオより楽なので、私はシチューなどを温め直すときもホットクックを使っているので、もはや電子レンジ感覚です。

◉野菜が絶品になる蒸し方

ちょっと鮮度が落ちた野菜も、蒸すと水分が補われるため、味と食感が蘇る気がします。私は、野菜も肉も使うときには小分けにせずに、一袋、1パックをまとめて蒸すようにしています。その時の調理で余った分はそれが作り置きになるので、次の食事をつくるときにまた組み合わせたりと、バリエーションが自然と広がります。

野菜を蒸すときに使うザルはホットクック専用のものではなく、市販の金ザル（金伊工業「シェイプライン 茹であげザル 19㎝」）を使っています。ホットクックの付属の蒸し板は茶碗蒸しなどを蒸すことを想定しているので、野菜を蒸すのに向いていないからです。以前使っていた象印の自動圧力ＩＨ鍋「煮込み自慢」についてきた蒸し

右：金伊工業の19㎝のゆで上げざるは、我が家の2.4リットルサイズのホットクックの内鍋にすっぽり入ります。底が平らで熱が通りやすいし、足がついていて水切りできるし、ハンドルがあるから内鍋から取り出しやすい、といいことずくし。ヘルシオで野菜を蒸すときにも使っています。左：象印の「煮込み自慢」付属の蒸しカゴもちょうどホットクックに入ることを発見。こちらも重宝しています。

かごも、ホットクックにぴったりで使いやすいので、こちらも愛用しています。

ザルやかごは水分が切れやすい、足つきのものを選ぶのがポイントです。さらに、取っ手がついているものだと、内鍋から取り出しやすいのでお勧めです。

ホットクックの蒸し時間は、野菜によって多少変わりますが、10分前後です。水が沸騰するまでに5分ぐらいかかるので、トータルで15分と頭に入れておくとよいでしょう。

ヘルシオは「まかせてコース」の「蒸し物・ゆでる」や、手動で低温にセットできる「ソフト蒸し」など、いろいろとアレンジがききます。

これらの機能をうまく使いこなしながら、食材に応じて様々な蒸し方をすることが、火の加減をするのと同じで、コツになります。

◉基本の肉の蒸し方

我が家では肉も蒸して使っていますが、蒸すとぐんとおいしくなって使い勝手がいいのは、ショウガ焼き用の豚肉です。ヘルシオの天板に1枚ずつ並べて「ソフト蒸し(70度)」で15分加熱して、自家製ハムとして作り置きしています（152ページ参照）。

142ページの「加熱のし過ぎが料理をまずくする」に書いた通り、肉を加熱する最適な温度は、蒸すときには低温の70～80度、焼くときには160～180度です。ステーキ肉を焼く場合も例外ではありません。どの肉も高温で加熱すると硬くなってパサパサになりますが、低温で加熱したものはジューシーです。

肉は焼くとフライパンや天板にこびりついて洗うのが大変ですが、蒸す場合はまったくこびりつきません。洗剤をつけなくてもきれいに洗えるので、後片付けが楽なのもメリットです。

低温蒸し　素材別温度一覧

根菜はホットクック、それ以外の肉や葉野菜はヘルシオのウォーターオーブンを使います。蒸し器の場合も同じ温度を目安に火加減を行ってください。

素材名	温度	時間
豚薄切り肉	70℃	15分
葉野菜 （キャベツ、ホウレン草、小松菜）	70℃	10～15分
ごぼう、大根、ニンジン ※一口大にカット	100℃	10～15分
サツマイモ、ジャガイモ、カボチャ ※一口大にカット	100℃	10～30分
ブロッコリー ※小房に分ける	70℃	20分
ナス、パプリカ ※一口大にカット	70℃	20分
きのこ類 ※ほぐして	70℃	10～15分

「蒸して
つくりおき」
レシピ

RECIPE **10**

豚肉の低温蒸しハム

キッチンばさみで一口大に切ってサラダにのせたり、肉じゃが（52ページ参照）にしたりと、あると心強い、便利な豚ハムです。

豚肉に下味をつけずに、そのまま網に並べて蒸すので、正確にいうとこれは「低温無塩蒸しハム」。一般的には、肉に塩コショウの下味をつけますが、これをやると塩の脱水作用で肉の水分が外へ出てしまい、肉質を硬くしますし、コショウは本来、臭み消しに使うものです。新鮮な食材を使う限り不要です。

蒸し料理に使う豚肉は、ショウガ焼き用のものがお勧めです。ほどよい厚みで、ちょうどハムらしい仕上がりになります。パックから1枚ずつ出して、網に並べましょう。この並べる作業がやや手間ですが、重なった部分があると火の通り方にムラができてしまいます。必ず、1枚ずつ広げて重ならないように並べてください。

冷蔵庫に2日間ぐらい入れておいても、作り立てとほぼ変わらない味と柔らかさをキープできます。つくづく、蒸すという調理法は、蒸気によって食材の水分を保つことを実感します。これが焼いたものだと肉の水分が飛んでしまうので、時間がたつにつれて硬くなってしまいますから。

くれぐれも、高温で長時間加熱しないように。とたんに硬くなります。ヘルシオなどのスチームオーブンでは低温蒸しで15分、蒸し器を使う場合は中火で8〜10分で十分です。

材料と作り方（作りやすい分量）

豚肉肩ロース（ショウガ焼き用）…200g

1 ヘルシオの天板に網をセットして、その上に豚肉を1枚ずつ広げながら並べる。

2「ソフト蒸し（70度）」で15分加熱する。
※代用レシピ：蒸し器の水が沸騰したら中火にし、豚肉を並べて8〜10分蒸す。

キッチンバサミで一口大にカットして、サラダに加えるのが我が家の定番。ベビーリーフとブルーベリーと合わせて、塩とオリーブオイルを回しかけるだけで、栄養価の高いサラダに。52ページの肉じゃがにも使ったり。あると便利なのでやめられません。

「蒸して
つくりおき」
レシピ

RECIPE 11

野菜のまとめ蒸し

あると便利な作り置き野菜ナンバーワンの組み合わせ。ナスとパプリカは加熱時間に差がないので、一緒に蒸してOK。色移りもありません。

ナスは「味が淡泊」と言われることもありますが、蒸すと甘味と弾力が引き立ち、味も食感も俄然よくなります。私は蒸すようになってから、以前よりもずっとナスが好きになりました。

蒸したものは使い勝手がよく、サラダ、味噌汁、カレー、パスタ、ホワイトソースがけなど、展開が無限。私はいつも1袋(3本)まとめて蒸して、2日以内に使い切るようにしています。冷蔵庫に常備していると、とても心丈夫です。

パプリカも甘味がアップするので蒸し料理にベスト。サラダはもちろん、パスタや肉のつけ合わせにも、ちょっと加えるだけでぐんと彩りがよくなるので、重宝します。

肉と同様に、野菜も焼いたものはストックすると硬くなりますが、蒸したものはまったく硬くなりません。低温蒸し調理の第一人者である平山一政さんが言う通り、野菜は蒸すと水分を補えて本来のみずみずしさを取り戻す、ということを実感できます。ゆでた野菜のように食感がベチャベチャにもなりません。

材料と作り方(作りやすい分量)

ナス…3本　　パプリカ…黄色とオレンジ各1個

1 ヘルシオに入る大きさの足つきのザルを用意する。包丁でナスは幅6〜7mmの輪切りに、パプリカは一口大に切り、ザルにまとめて入れる。
2 ヘルシオの天板の上に**1**をセットする。「まかせてコース」の「蒸し物・ゆでる」を選択して、スタートボタンを押す。→
※代用レシピ：蒸し器の水が沸騰したら中火にし、ナスとパプリカを入れて8〜10分蒸す。

豆とベビーリーフと合わせて健康サラダにアレンジしたり、カレーやスープに入れても。

絶品!
シンプル
蒸し料理

RECIPE **12**

蒸しカボチャの洋風和え物

昔からカボチャが大好きで、ガスコンロで料理していたころは、よく鍋で煮ていました。カボチャは切るのが大変だからあまり買わない、という声を聞くことがありますが、切り方のちょっとしたコツを知れば、大丈夫。皮を手前にして刃を当てると、硬い皮に支えられて安定し、力をかけやすくなるので、スッと楽に入刀できます。大事なのは、74ページでお伝えした「30度」を保ちながら刃をすべらせること。叩き切ろうとすると、うまくいきません。丸ごと一個の場合は最初の入刀が大変なのは確かなので、うまく切る自信がない人は、半分以下のサイズのものを買うことをお勧めします。私はよく4分の1サイズを買っています。一口大にカットされたものも売っていますが、乾燥と酸化が進んでいておいしくないので、買いません。

最初はよく煮物にしていましたが、あるときホットクックで蒸してみたらすごくおいしくて「なんだ、煮物にする必要ないじゃん!」と気づき、以来、カボチャは蒸すものになりました。私はそのまま食べますが、何か味を足したい場合は塩がお勧めです。しょうゆだと、カボチャ本来の味を台無しにしてしまいます。

このレシピのように、ほかの蒸し野菜と和えたりサラダに入れるほか、味噌汁に加えたりもしています。

材料と作り方（作りやすい分量）

カボチャ…1／4個　まとめ蒸しにしたナスとパプリカ（作り方は154ページ参照）…適量
塩…具材の総量に対して0.6％の塩　オリーブオイル…大さじ1

1 カボチャを包丁で一口大～やや大きめに切り、ホットクックの内鍋に入る大きさのザルに入れる。ホットクックの内鍋に入れて「蒸し物コース」で20分加熱する。
※代用レシピ：蒸し器の水が沸騰したら中火にし、カボチャを入れて8～10分蒸す。

2 はかりに皿をのせてゼロリセットし、**1**のカボチャと蒸した野菜を適量盛り付ける。余ったらつくりおきとして冷蔵保存する。

3 塩分量（0.6％）を計算して、分量の塩を入れる。
例：具材の総量80g×0.6％＝塩約0.5g

4 オリーブオイルを回しかけて、全体を混ぜる。

4分の1カットのかぼちゃを一度に蒸し上げて、2～3日かけてサラダやみそ汁に使い回します。

オリーブオイルは食べる直前に回しかけて。フレッシュな香りが野菜のおいしさを引き立てます。

◉蒸すと衝撃のおいしさに！ 世界一おいしくなる豆の蒸し方

ミックスビーンズは、水煮のものが缶や真空パックになって市販されていますが、私は乾物の豆を数種類購入し、自分でミックスしたものを蒸しています。

一番よく買うのは大豆で、５kg単位でどっさり購入しています。そのほかは黒豆やインゲン豆、緑豆、ヒヨコ豆などで、こちらは５００g〜１kg単位。これらをお米用の保存容器にミックスして保存し、カップ２〜３杯分ずつ蒸すわけです。

豆はゆでるのが一般的と思いますが、ぜひとも一度、蒸して食べてみてください。その圧倒的なおいしさ、香りのよさ、食感のよさにやみつきになります！

ゆでると、どうしても豆のえぐみが残りますが、蒸すと不思議とすっきりとした味になります。**ゆで汁に栄養が流出しない分、甘味も旨味もしっかり残って香りが濃く、食感はプリッ！ 味付けしなくても、そのままとてもおいしくいただけますし、塩やしょうゆを少量かければ、立派な副菜になります。**

豆は良質なタンパク源なので、サラダに加えたり、蒸し野菜と和えたりすれば、簡単に栄養価を上げられます。ご飯と混ぜて「豆ご飯」にすれば、ご飯の量が減るので糖質制限の一助にもなります。私はごはんと豆を同量ぐらいにしています。

よく、乾物の豆は戻す手間がかかって面倒臭くないですか？　と聞かれますが、手間といっても自分が何かするわけではなく、水に半日から1日浸けておくだけでいいので、ご飯を炊く手間とさほど変わらないと思います。私のお勧めの豆の戻し方は、ホットクックで加熱して戻す方法です。

ホットクックの内鍋に、カップ2〜3杯分のミックスビーンズとその3倍量の水を入れて、「低温コース（50度）」で3時間加熱。これで豆が塩梅よく戻ります。その後、水を切った豆を内鍋に入るかごに入れ、150mlの水を内鍋に張り、手動の「蒸し」機能で60分加熱すれば蒸し上がります。ほぼ機械まかせでトータル4時間です。

このやり方で作った蒸し立ての豆の鮮烈なおいしさは格別です。「豆って特においしいと思わない」という人にこそ、ぜひ食べてほしいな、といつも思います。

絶品！
豆のおいしさ
再発見レシピ

RECIPE **13**

蒸し豆シンプルご飯

１６４ページでは、炊飯器で玄米と一緒に炊く「昆布と豆の玄米ご飯」を紹介しますが、そちらは豆の扱いが面倒で敬遠している向け。時間がないときは私もまとめて炊きますが、豆本来のおいしさを堪能したい人には、断然、こちらのレシピをお勧めします。

玄米と一緒に炊いたものと特に違うのは、豆の歯ごたえです。蒸しているからこそのプリッとした食感を楽しめて、よく噛む分、味もしっかり楽しめます。単に玄米に豆をのせるだけで、塩やしょうゆをかけなくても、箸が進むのです。蒸し豆を作ったら、試してみてください。私は、玄米と豆を同量ぐらいにして食べるのが気に入っています。

玄米も、扱いが面倒でうまく炊けない、という声をよく聞きますが、玄米を世界一おいしく食べたいなら、象印の圧力ＩＨ炊飯ジャー「極め羽釜」などの上位機種をお勧めします。我が家にあるのはこの鉄器コートタイプの釜で、玄米がとてもおいしく炊けます。私が主宰するキッチンスタジオでは、さらに上位機種の「炎舞炊き」を使っています。

かれこれずっと、私は象印の炊飯器を使っていて、今現在使っているので３、４台目。５〜６年のペースで買い換えています。

材料と作り方（作りやすい分量）

炊いた玄米…茶碗1／2杯分　　乾燥豆…カップ2~3杯

1 ホットクックにカップ2～3杯分の豆と3倍量の水を入れ「手動」→「低温コース（50度）」で3時間加熱して戻す。

2 **1**の水を切ってカゴに入れる。内鍋に150mlの水を張り、豆の入ったカゴを入れて「手動」→「蒸し板を使って蒸す」で60分加熱。

※代用レシピ：ボールに豆を入れ、豆の4～5倍量の水に8時間浸して戻す。豆の水気を切り、蒸し器になるべく広げて入れる。中強火で30分蒸す。途中で湯が少なくなりそうだったら足す。そのまま冷めるまで蓋を開けずに蒸らす。

3 茶碗に玄米を軽くよそい、**2**の豆を乗せ、混ぜながら食べる。

お米用保存容器にどっさりの乾燥豆ストック。4～5種類の豆を自分で混ぜ合わせてオリジナルのミックスビーンズにしています。

1回に蒸す量はだいたいこれぐらい。2～3日でなくなるので、主食のように豆を食べています。

絶品！
豆のおいしさ
再発見レシピ

RECIPE **14**

豆とベビーリーフのサラダ

まとめて蒸した豆は、手軽に取れるタンパク源として重宝します。そのまま食べてもおいしいですし、塩やしょうゆをちょっとかければ副菜に早変わりするので、食卓がにぎやかにもなります。私は、ベビーリーフのサラダに加えて食べるのが定番で、ボリュームも栄養価もグッと上がるので、満足感が違います。

ベビーリーフも大好きで、常にストックしています。ベビーリーフは1パック40〜50gで、私は1人前のサラダに2分の1袋使います。それを1日2〜3食食べるので、1日に1パック、50gは食べている計算です。

ベビーリーフは、発芽後約30日で収穫したホウレンソウやレタスなどの野菜の幼葉で、数種類がミックスされた状態で売られています。成長した野菜よりビタミンやミネラルの含有量が豊富で、栄養価が高いのも特徴。しかも、袋から出してそのまま使えます。

こんなにいいことずくめなのに、意外と日本では食べる人が少ないのが不思議でなりません。ほかの野菜より値段が高いと思うかもしれませんが、栄養価を踏まえたコスパは断然上です。皆さんも日常の食卓への登場回数を増やしてみてください。すぐに、その使い勝手の良さと栄養価が高いという安心感、味の良さに手放せなくなりますよ。

材料と作り方（2人分）

蒸した豆（160ページ参照）…大さじ4杯
蒸した野菜（154ページ参照）…適量
オリーブオイル…大さじ1
ベビーリーフ…1／2パック
塩…具材の総量に対して0.6％

1 はかりの上に皿をのせ、ゼロリセットする。
蒸した豆、ベビーリーフ、蒸し野菜を皿に盛りつける。

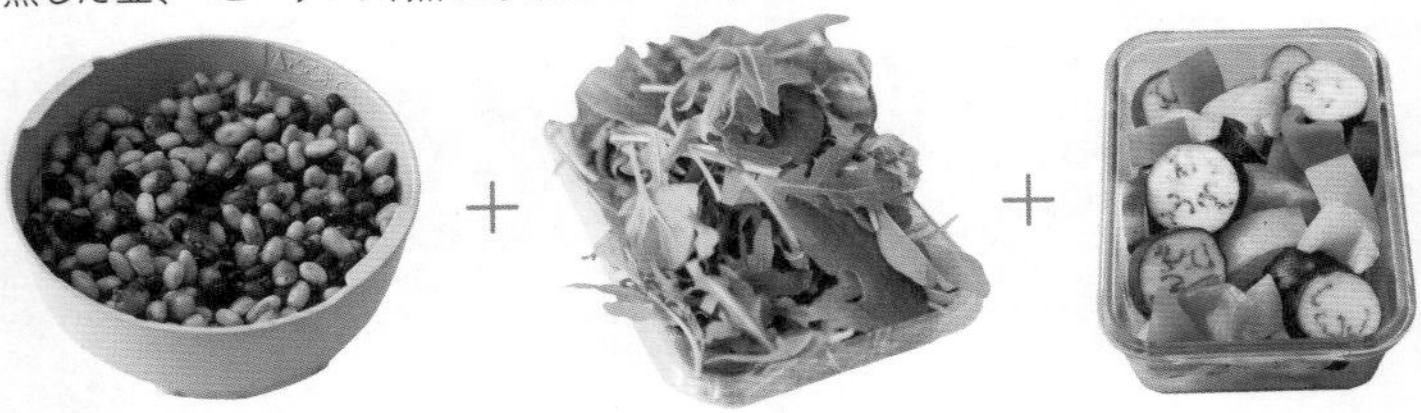

2 塩を計算して振りかける。
例：具材の総量153g×0.6％＝塩の総量約0.9g。

3 オリーブオイルを回しかける。

絶品!
豆のおいしさ
再発見レシピ

RECIPE **15**

昆布と豆の玄米ご飯

160ページでは、蒸した豆を炊いた玄米にのせる「蒸し豆シンプルご飯」を紹介していますが、そちらは別々に調理するのが苦にならない人向け、または時間があるとき用のレシピです。豆の扱いが面倒で敬遠しがちな人や時間がないときは、まとめて炊飯器で作るこちらのレシピがお勧めです。

夜のうちに、玄米と豆を1合ずつ炊飯器に入れ、水を2合の水位に合わせ、玄米モードで翌朝に炊き上がるようにセットするだけ。どの豆も一晩浸水すれば戻るので、玄米モードでちゃんと食べられる状態になります。ただし、蒸し豆と違って、食感は柔らかめです。

やわらかい分、おにぎりにするのに向いています。私は移動中に食事を取りたいときなど、このおにぎりをお弁当がわりに、新幹線の中や空港のラウンジで食べたりします。豆入りだからタンパク質補給にもなりますし、冷めてもおいしいので、取り出して食べるのが楽しみになるほど。これに慣れると、コンビニのおにぎりが食べられなくなるほどおいしいので、ぜひお試しを。ゴルフへ出かける朝は、よりパワーをつけたいので、これを卵がけご飯にして朝食にすることもあります。

以前は昆布なしでつくっていましたが、あるとき、知り合いの方から段ボールいっぱいのおいしい昆布をもらったので、加えてみたところ、いい出汁が出る上、少し塩分があるので、調味料代わりにもなって、ちょうどいい塩梅《あんばい》! となり、今では定番のレシピになりました。

材料と作り方(作りやすい分量)

玄米…1合　乾燥豆(単品でもミックスでもOK)…1合　昆布…約10g

1 炊飯器の内釜に玄米と豆、キッチンバサミで1cm角ぐらいに切った昆布を入れ、水を適量入れて一晩置く。その後、炊飯コースで炊く。

玄米と豆を一緒に炊くお手軽豆ごはん。そのまま食べてもおいしいし、卵かけご飯にしても絶品です。冷めたら軽く塩を振っておにぎりにすると、また格別のおいしさ。私の定番のお弁当です。

column 5

家事も人間関係も「し過ぎ」をなくすとラクになる

私たちの日常生活には、無意識のうちに「こうしなければならない」「必要なものだ」と思って「し過ぎている」ことがたくさんあります。その数が10や20ではなく、100や200あるから時間が足りなくなり、仕事と家庭の両立が苦しくなります。でも、思い切ってやめてみたら、意外となんでもなかった、ということは意外に多いのです。

例えば、私がこれまでにやめてみて、困ったことがないことが次の通りです。

・野菜は泥が付いていない限り洗わない。
・靴下や下着など、細かい洗濯物は平置きネットに〝まいて〟干す。
・ニットも下着も洗濯ネットは使わず、直接洗濯機に入れて「デリケート洗い」。

ドクターベックマンの色移り防止シート「カラー＆ダートコレクター」を1枚ぺらっと洗濯物と一緒に入れて回せば、色分け不要。時間も水も節約できるので大変便利です。

・掃除が面倒なお風呂の椅子、ラックなどの収納用品、蓋を処分。
・布団は屋外に干さずに、布団乾燥機を使う。
・調理家電の蓋などは毎回洗わず、3日～1週間に一度分解して洗う。
・箸は色も形も同じもの1種類で統一。いちいちそろえなくて済むし、1本欠けても問題なし。
・洗濯物は色分けしない。洗濯中の色移りやくすみを防止するシート「カラー＆ダートコレクター（上写真）」を使う。

家事以外で言えば、先のとおり、私は化粧品を使ったスキンケアはほとんどやりません。多くの女性はきれいになりたいという思いから、過剰にスキンケアをしてしまいがちです。私は本来、保護と老廃物排泄のための器官である皮膚に、化粧水や乳液、クリームを塗ることは、あまり意味がないと考えています。洗浄剤で顔や体を1日一回以上洗うことも、かえって肌に悪いと思っています。洗浄し過ぎると、せっかくの肌の保湿成分を過剰に落としてしまうからです。それよりも、ビタミンやミネラル、タンパク質や脂質など肌に必要な材料や健康を保つ栄養を食事でしっかりとることのほうがはるかに重要です。肌は上から塗ったものではなく、食べたものでできているからです。

人間関係のし過ぎをなくすコツは、「誘いは断る」をデフォルトにすること。ほとんどの場合、誘う側は気軽に誘ってくるものですから、断ったところで相手が気に病むことはありません。本当に行きたい、と思うものだけに絞って大きな問題はありません。「誘いは断らない」をデフォルトにしているから、時間の余裕も気持ちの余裕もなくなってしまうのです。

いわゆる「おつき合い」をやめる、ということ。「いい人」も「いい顔」をするのもやめましょう。それで人間関係がこじれることはありません。取引先の接待を断ることは難しいと思いますが、会社の飲み会は断っても「あ、そうですか」で終わるものです。子どもが小さくて飲み会に参加できない人のように、「飲み会には行かない人」と思ってもらえます。睡眠時間を削ってまで、飲めないお酒を無理に飲んでまで、もっと言えば心身の健康を損ねてまで行くべき価値のある飲み会は、人生の中でさほど多くはないはずです。

そもそも年を取ると、会いたい人たちとの約束だけでいっぱいになりませんか？

51歳の私の場合、学生時代からの友人、最初に就職した職場の友人、2番目の職場の友人、3番目の職場の友人、独立してからの友人、という感じで、生きている年月の分、友人の数がどんどん積み上がっていきます。最もつき合いが長い人は中学時代からで、職場関係は20年くらい、独立後の短いつき合いの人だと4、5年です。これだけ大切な友人たちが増えると、そうでもない人たちとのおつき合いの約束を入れる余地はありません。人生１００年時代ですからまだ折り返し地点で、これからさらに友人が増える予定ですから、時間を大切にしたいのです。

人間関係のし過ぎをなくすと、古い友人から新しい友人まで、いつも私の時間に交わってくれ、行動も生活も話題も多彩にしてくれて、感謝しかないという思いになります。家族ほど強くて蜜な関係とはまた違う友人たちと、一緒に何年、何十年と時間をかけて、ゆる～く人生を構築していけるのは幸せです。

放ったらかしでOK！絶品グリル料理

◎手間なし、気遣いなしで、失敗無し！

ヘルシオのオーブン機能を使ったグリル料理も、我が家の定番。

ヘルシオならではの過熱水蒸気で焼き上げる「ウォーターオーブン」機能は、蒸しながら焼いてくれるので、肉がパサパサに硬くなる心配がありません。過熱水蒸気を利用したオーブンは高級レストランでも採用されているほど仕上がりがいいのは、すでにお伝えした通りです。

招いたお客さんからのリクエストで作るローストビーフも、表面はカリッと香ばしく、中は肉汁がしたたるジューシーな仕上がりになります。

グリル料理は少量でも大量でもおいしくできますし、失敗することがほとんどあり

ません。グリル皿のままテーブルにどん！と出すので料理の暖かさが持続しやすく、洗い物が少なくて済むのもメリットです。一時期、天板に肉と野菜をギューギューに敷き詰めて焼く「ギューギュー焼き」にハマってよく作っていましたが、それも天板ごと食卓に出していました。いつもと違う特別なメニューっぽく見えるので、お客さんにも喜ばれました。

ヘルシオがない家庭でも、今の電子レンジのほとんどにはオーブン機能がありますし、ガスコンロにもグリルが付属していると思いますので、そちらをぜひフル活用してほしいと思います。時間と温度をセットすれば、火の番をする必要もないのでとても楽です。メーカーや種類によって、時間や温度設定に慣れるまで失敗するかもしれませんが、ぜひ癖をつかんでうまく使いこなせるように、試してみてください。フライパンよりもずっと、料理が楽に、おいしくなるはずです。

放ったらかしでOK！
絶品グリル料理レシピ

RECIPE **16**

トマトと鶏肉の無水オーブンスープ

時間がないときに家にあるもので適当に作ってみたら予想を上回るおいしさで、以来、我が家で定番になった〝焼きスープ〟です。たった3つの食材しか使いませんが、どれも旨味成分がたっぷり！　鶏肉からはイノシン酸が、トマトとマッシュルームからはグルタミン酸が出て、味わい深くなります。人はこの2つのうまみ成分のバランスがいいと、おいしい！　と感じるのだと、料理をしていてつくづく思います。

うまみのもとになる材料の分量は、それぞれが均等になるようにするのがコツ。鶏肉と、トマト＋マッシュルームの量が、耐熱皿に並べたときの見た目で均等になるようにするといいでしょう。

食べるときは、スプーンでトマトを潰してそのスープをパンにつけながら食べるのがお勧め。ご飯にかけるとリゾット風になって、これまた絶品です。出来上がりにチーズを入れるとコクが加わって、満足度がより上がります。

使うキノコは、味がしっかりあるマッシュルームやシイタケがよく合います。100gで200円以上しますが、100円前後のシメジやエノキタケだとちょっと物足りない味になります。安いキノコは煮込み料理向きです。

材料と作り方（1人前）

皮つき鶏もも肉…150g　トマト…1個　マッシュルーム…3個
塩…具材の総量に対して0.6％　オリーブオイル…大さじ1

1 はかりに耐熱用のスープ皿をのせてゼロリセットする。鶏もも肉は一口大に、トマトは6等分のくし切り、マッシュルームは半分にカットする。

2 塩分量（0.6％）を計算して加える。
例：具材の総量385g×0.6％＝塩約2.3g

3 オリーブオイルを回しかけて、ヘルシオの「まかせて調理」の「焼く」を選択し、仕上がりを「標準」にして加熱する。
※代用レシピ：魚焼きグリルの弱火か中火で、15分加熱する。

耐熱皿に切った材料を並べてチンするだけ!!　洗い物も少なくてとってもラクです。

スプーンで熱々のトマトをつぶしながら食べるのが、やみつき。

放ったらかしでOK！絶品グリル料理レシピ

RECIPE **17**

チキンの網焼き

　このレシピの最大のコツは、焼き網に鶏肉がくっつかないように、網に油を塗り忘れないこと。私は、缶のスプレー式オイルを使っています。

　肉が網にくっついて身が崩れると、食べるときの舌触りが悪くなります。舌触りはおいしさを左右する一要素で、当然、いいほうがおいしく感じます。そもそも、網にくっついた肉は食べられないので、捨てるのと同じこと。そんなもったいないことはしたくありません。ひと手間増えますが、必ず工程に加えてほしいと思います。

　豚肉の低温蒸しハムと同様に、こちらも下味をつけずに焼き、粗熱を取ってから切ります。その際、ぜひ切れ味のいい包丁を使ってください。スパッと素早く切ったほうが無駄に肉汁が流れ出ず、旨味を逃しません。切り方が味わいを左右すると考えるのは、刺し身と同じです。私は、電動ナイフの肉切り刃で切っています。

　タレはレモンしょうゆのほか、絞ったレモンに塩を加えたレモン塩もお勧めです。つけ合わせには、108ページで紹介したキノコのマリネがよく合います。食べ切れなかった分は、蒸した根菜と合わせて肉じゃがならぬ「鶏じゃが」にしてもおいしいですよ。

材料と作り方（作りやすい分量）

皮つき鶏もも肉…1枚　　網に塗る油…少々

〈レモンしょうゆ ｜ レモン汁…30g　しょうゆ…30g〉

1 ヘルシオの網に油を塗り、鶏もも肉の皮を上にしてのせる。

2 「まかせて調理」で「網焼き」コースを選択し、仕上がりを「強め」に設定してスタートボタンを押す。

※代用レシピ：魚焼きグリルの弱火で、片面グリルなら片面7〜8分ずつ、両面グリルなら10分焼く。

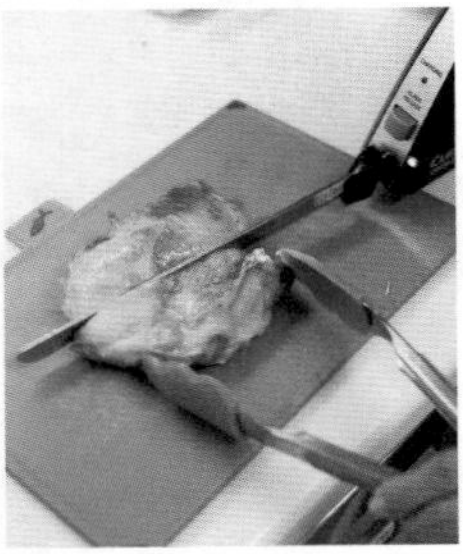

焼けた肉は、電動ナイフでカット。肉がつぶれないので肉汁が落ちずにジューシーな口当たりになります。パンを切るときと同じ電動ナイフですが、刃は肉用に付け替えます。

幸せを1段階アップさせる自家製パン

◉自家製パンを楽においしくつくる4つのポイント

我が家に来るお客様がもれなく驚く食べ物が、ホームベーカリーで作った天然酵母の全粒粉パンです。手作りだと言わずに出すと、ほぼ例外なく「これはどこのパン？」と聞かれます。

ホームベーカリーというと、焼き立てはおいしいけれど冷めると硬くなったり、味そのものはやっぱり買ったものにかなわないと思っている人が多いでしょう。その印象が、天然酵母と全粒粉で作ったパンを食べると一変します。時間がたっても味も食感も落ちることなく、小麦粉の風味をしっかりと味わえます。

そんな天然酵母の全粒粉パンを失敗なく作るポイントは、次の4つです。

POINT① 全粒粉は国産のものを使わない

国産の小麦は、外国産の小麦に比べてグルテンの量が少ないなどの理由で膨らみにくく、家庭用には不向きだといわれます。それは白い小麦粉に限らず全粒粉も同じなので、私はカナダ産の小麦が使われている「日清全粒粉パン用」を使用しています。パン専用の粉を使うと、圧倒的においしくできます。

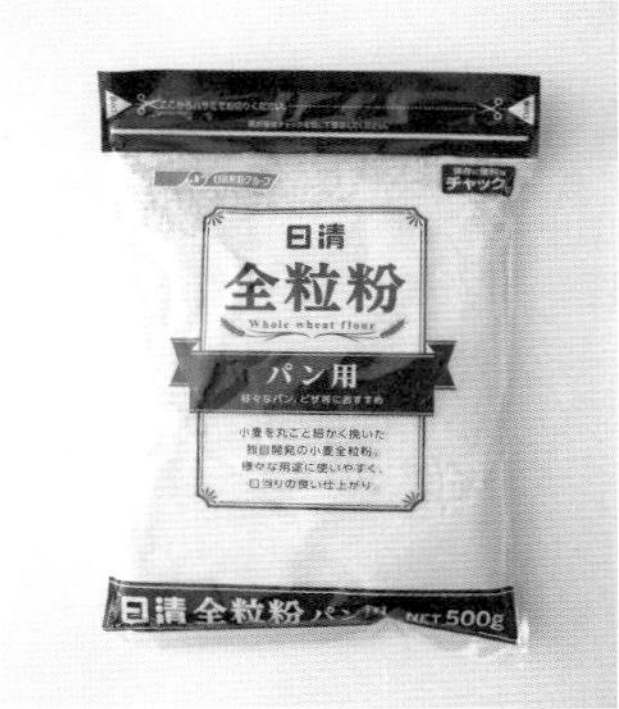

「日清の全粒粉パン用」の小麦はカナダ産。国産は使われていません。

全粒粉を使う理由は、栄養価が高いからです。小麦の胚乳だけを挽《ひ》く白い小麦粉は糖質がメインの栄養になりますが、小麦の表皮や胚芽も一緒に挽く全粒粉はビタミンや鉄分、食物繊維が豊富です。これは、米を白米ではなく玄米にしている理由にも通じますが、精製した白い穀物は栄養価が下がるのです。

POINT② 天然酵母を使う

全粒粉のパンをおいしく焼くには、天然酵母を使うに限ります。初めて天然酵母で作ったとき、本当のパンの味を知った気がしたものです。バターも何もいらなくて、そのままで手が止まらなくなるおいしさになります。

イースト菌は、全粒粉に合わせて使うには発酵時間が短いため、あまりおいしく焼けません。かつてはイースト菌を使って焼いていましたし、今でも時間がないとドライイーストで代用するときがありますが、できたものは、コンビニで売ってるような安いパンの味になってしまいます。

私が使っているホームベーカリーはパナソニックのもので、天然酵母コースは天然酵母で有名な「ホシノ天然酵母」の発酵に合わせてチューニングがしてあります。つまり、ホシノ天然酵母を使うのが定番であり、パナソニックとホシノの組み合わせであれば大きな失敗はない、ということ。だから、私は「ホシノ天然酵母自動発酵器」を使っています。

パナソニックのホームベーカリーと相性がいい、ホシノの天然酵母メーカーを愛用。

100gの酵母に対して200gの水を入れて、30度弱の温度で24時間発酵させると、300gぐらいの天然酵母ができます。1回の使用量は約30gなので、10回分です。ホームベーカリーでも天然酵母を作れますが、容量が小さいので4回分ぐらいしかできません。パンを毎日のように焼く人は、自動発酵器がお勧めです。経験上、冷蔵庫に入れておけば2~3週間持ちます。取扱説明書には1週間以内に使い切るように、と書かれてありますが、問題ありません。

POINT③ 慣れるまでは、半分は白い小麦粉にして具材なし

いきなり全粒粉100%で作って、しかもイチジクやナッツなどの具材を入れると、うまく膨らまずに失敗する可能性が高くなります。慣れるまでは、全粒粉と白い小麦粉(強力粉)を半々にして、具材は入れないで作りましょう。

182ページで紹介するレシピも、白い小麦粉を半分使っています。100%全粒粉でもおいしいですが、口当たりと食感をよくするために強力粉と半々にしています。全粒粉と同様に、パン専用の粉を使うことをお勧めします。

POINT④　焼き上がったらすぐに取り出す

パンが焼きあがった後、取り出さないでホームベーカリー内に放置すると焼き過ぎになって耳が硬くなったり、マシンの中のこもった蒸気でパンが余計な水分を含んでしまったりします。焼き上がったら数分以内に取り出すようにしましょう。予約するときは、確実に取り出せる時間に設定してください。私はいつも朝焼き上がるように予約しますが、目覚まし時計をパンが焼きあがる3分前にセットして、朝一番で取り出すようにしています。

焼き立てだとうまく切れなくて断面がベチャッとつぶれるので、粗熱が取れるまで待ってから切ってください。室温ぐらいに冷めたら大丈夫です。

◉電動ナイフで口当たりが激変

ホームベーカリーで作ったパンが市販のパンに負ける理由の一つとして、切った断面の口当たりがあると思います。包丁で切るとどうしてもザラついてしまい、市販のパンのように滑らかにならない……そこで私は、電動ナイフで切るようにしています。

ホームベーカリーを買った初期のころから、いろいろなメーカーのものを使ってきましたが、今はクイジナートのコードレス（充電式）タイプを使っています。パン用と肉用があるので、間違えないように取り換え刃にテプラを貼っています。

肉用は、網焼きにしたチキンや焼き豚を切るのにとても便利。コードレスタイプは1万円以上しますが、コードつきであれば3000円ぐらいで売っています。

電動ナイフで切ると、市販のパンに負けない口当たりになります。

ただし、ガガガガッというけたたましい音がしますし、パンくずも結構飛びますし、場合によっては、まな板も傷つきます。それでも、せっかく作ったパンを最大限おいしく食べるために、電動ナイフでがんばっています。焼きたてパンを手でギコギコと切ってつぶしてしまう……というストレスがありません。

人生が変わる
ほどおいしい！
自家製パン
レシピ

RECIPE **18**

ナッツとドライフルーツの天然酵母パン

このナッツとドライフルーツの天然酵母パンは、私の友人の間で特にファンが多い自慢の一品です。今回使ったドライフルーツはレーズンですが、イチジクでもよく作ります。

使うのは天然酵母コースつきのホームベーカリー。私は、パナソニックの1斤タイプを使用しています。天然酵母コースは、低温調理と同じ発想で、焼き上がりまでに時間をかけます。通常のイーストだと4時間ぐらいで焼き上げますが、天然酵母だと7時間ぐらい。時間をかける分、小麦粉の甘味や風味が余すところなく引き出されて、おいしくできるというわけです。

天然酵母はホームベーカリーでも作れますが、1回につき4回分ぐらいしかできません。だから私は、ホシノ天然酵母自動発酵器で作っています。一度に10回分ぐらい作れるので、毎日のように焼く人には購入をお勧めします。取扱説明書には、冷蔵庫で保存して1週間で使い切るように、と書いてありますが、経験上、2~3週間は問題なく使えます。

具材なしでもおいしくできますが、レーズンやナッツを入れることで味と食感が複雑になって味わいが増します。栄養価も上がるので、いつも何かしら入れてしまいます。

使うのは…
パナソニックの「天然酵母コース」付ホームベーカリー

材料と作り方（1斤分）

〈**A**｜天然酵母…30g　全粒粉（パン用）…125g　強力粉…125g
砂糖…10～15g　塩…4g　無塩バター…10～15g　冷水…150cc〉
有塩ミックスナッツ…40～45g　レーズン…40～45g

1 はかりにホームベーカリー専用のパンケースをのせて、ゼロリセットする。
2 **A**をゼロリセットしながら分量どおりに入れる。
3 ホームベーカリーに**2**をセットし「天然酵母コース」で、後入れ具材ありを選択してスタート（具材はマシンが自動で後入れしてくれる）。もしくは予約時間を設定してスタート。
4 有塩ミックスナッツとレーズンを分量通りに後入れ具材用のスペースに入れて蓋を閉める。
5 時間になって焼き上がったらすぐに取り出して粗熱を取る。

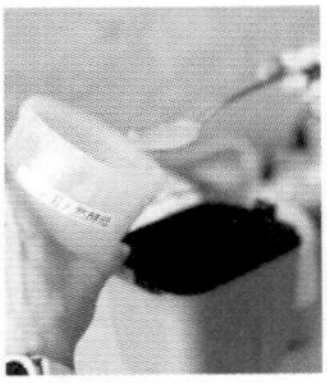

ベーカリーのパンケースに材料をポイポイと入れるだけ。混ぜるのもこねるのも発酵も焼くのも全部おまかせなので超ラクです。

口当たりがよくなるクイジナートの電動ナイフはパン好きなら必携！

column
6

買い物はキッチン内で完了させる

できるだけ楽に買える生鮮食品の調達先を確保することも、自炊を持続しやすくするための重要なコツの一つです。私はもっぱらAmazonフレッシュで購入していま す。タブレットを一台、Amazonフレッシュ注文専用にして、キッチンの端に設置し、タッチするとすぐ注文画面が開くようにしています。

食べ物の供給が不安定だった時代は、私たちはいろいろな保存食を作って食料難を凌《しの》いできましたが、スーパーマーケットで常に新鮮なものを買えるようになり、今やネットスーパーがいつでもなんでも運んできてくれます。もし、その日に作りたいもので野菜が1つ2つ足りないときは、コンビニの生鮮食品コーナーを利用すれば済むわけです。すると、食材が十分にある状態を保てるため、保存食を作る必要も、加工食品を食べる必要もなくなるのです。うちで賞味期限が1週間を超える食材は、

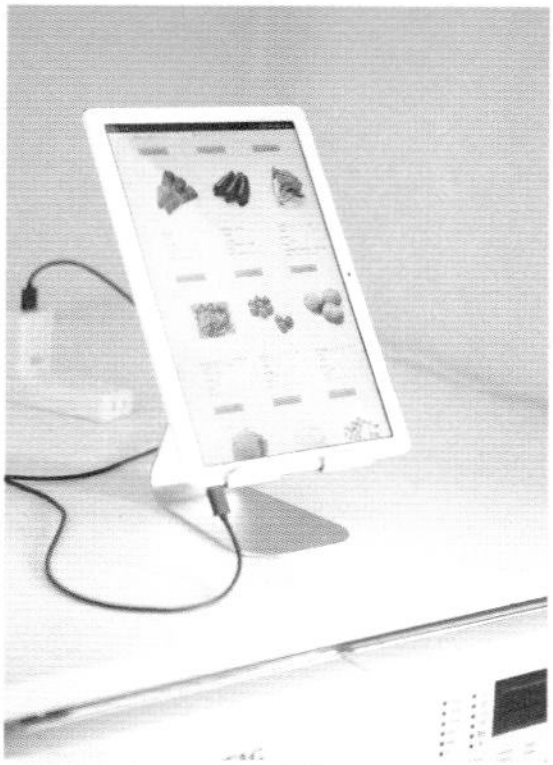

キッチンにある洗濯機の上に設置したタブレットは、Amazonフレッシュ専用。気がついたときにすぐにカートへ入れて、あとでまとめて注文します。

週に2回ほどまとめて注文。生鮮食品の他、日用品もまとめて頼んで1回量がこれくらい。これを全部自分でスーパーのカゴに入れて運んで持って帰る生活にはもう戻れません（著者撮影）。

おそらく米、豆、小麦粉、昆布、ナッツ、ドライフルーツぐらいでしょう。

ネットスーパーが便利なのは、カード決済にすると購入品目も金額も記録でき、その履歴が家計簿代わりになることです。さらに、新たに買い物をするときは履歴を見れば、日常的に必要なものが一目瞭然なので、時短になり、余計なものも買わずに済みます。

利用ペースは、できるだけ一定にすることをお勧めします。一定にしたほうが、買い物の量も適量化しやすく、無駄遣いも減るからです。また、利用ペースが一定になることで、先に使うべき食材の順番が明確になるので、毎日の献立に迷いにくくなるのもメリットです。この豚肉は3日前に届いたものだから今日使わないとダメだ。このパプリカもくたびれてきたから蒸して、ベビーリーフと一緒にサラダにしよう、など。冷蔵庫を開けば、献立がすぐ決まります。

おわりに

私が専門とする経済学は、お金を増やすための学問ではありません。経済学とは、一人ひとりの幸せを増やすためにはどうしたらいいか、ということを研究する学問です。限られたお金と限られた時間、限られた資源の中で、どうやったら主観的な満足や欲望の充足といった「効用」をより多く得られるか、ということが基本的概念です。

その幸せとは何か、ということを定義するのは難しいですよね。お金があれば幸せなのか、仕事で大成功していれば幸せなのか、大きな家や車があれば幸せなのか……etc。私は、「幸せだなぁ」と心から思える時間を増やすことが、幸せな人生につながると思います。

例えば、愛猫のちろちゃんやあおちゃんが私のひざの上で、喉をゴロゴロ鳴らしているのを聞きながらなでるのも幸せ。オカメインコのいちごちゃんとはもう17年一緒にいますが、いちごちゃんが私が台所などに行って姿が見えなくなるとピイピイと鳴いてくれるのも幸せです。

週末に早朝からゴルフに行って、友達とおしゃべりしながらコースを回るのも本当に幸せですし、おいしいご飯を作るのも、それを食べるのも至福です。もちろん会食で、初めましての方を含め、いろんな方とお話をすることも！　こういった「幸せだなぁ」と思う時間を増やしていくことが、本質的に幸せになる方法だと思うのです。

逆に、悲しいな、悔しいな、疲れたな、と感じる時間はなるべく少なくしたいものです。もちろん、そういったネガティブな時間はゼロにはできません。だからそこから、どうやったらネガティブな時間を減らすことができるのか、ということを学んで、幸せな時間を増やす工夫につなげるわけです。そのために、私はポジティブ心理学や幸福学についても学んで、今後もさまざまな形でみなさんに発信していきます。

幸せだなぁ、と感じるには、ある程度の精神的、肉体的な余裕がないと感じることができません。その余裕を増やすコツは、優先順位付けです。いつも家事や仕事に追われていたり、時間もお金もないと言っていたりする人には、優先順位付けが下手という特徴があります。

優先順位というと、一番にすべきこと、二番にすべきこと、三番にすべきこと、というように「すべきこと」の順番を考えがちですが、そうではありません。今の自分にとって大事ではないことや、しなくてもいいことを排除することが優先順位付けのすべてです。なぜなら、私たちの頭や心、身体のキャパシティは一定で、大きくならないからです。そこに優先順位が高いことを3つも入れたら、それだけでいっぱいになってしまいます。

「余裕率」といいますが、時間にしろお金にしろ、体力にしても、何事もうまく回すには2割ぐらい余裕を取っておくことがポイントです。私たちがしたいと思うことはどんどん増えていきますが、私たちのキャパは常に一定です。いくら自分がしたいと思うことでも、自分のキャパには入り切らないのです。

本当の意味での優先順位付けが上手になるためには、まず朝起きて、その日の最優先事項を一つ決めてください。日によって、仕事のプレゼンだったり、子どもの運動会だったり、家族団らんだったり、最優先事項は変わると思います。

その一つを決めたら、それをちゃんと達成できるように、ほかのことを調整しましょう。これができるようになると1週間、1カ月という長い期間でもできるようになり、引いては人生の優先順位付けも上手になります。

そうして、「幸せだなぁ」と思う時間を増やしていくと、自ずと体が資本だということに気づいて健康管理に目が向き、家事の充実にもつながると思います。

「はじめに」で話した通り、私たちは毎日おいしくて健康になるご飯を食べて、きれいな家で過ごし、清潔な服を着ていればだいたい幸せでいられます。仕事は、それらを実現するための手段に過ぎません。

家事が、私たちの人生を幸せにします。

勝間和代

プロフィール

勝間和代

かつま・かずよ

経済評論家。
株式会社「監査と分析」取締役。
中央大学ビジネススクール客員教授。

1968年、東京都生まれ。早稲田大学ファイナンスMBA、慶應義塾大学商学部卒業。アーサー・アンダーセン、マッキンゼー・アンド・カンパニー、JPモルガンを経て独立。少子化問題、若者の雇用問題、ワークライフバランス、ITを活用した個人の生産性の向上など、幅広い分野で発言を行う。なりたい自分になるための教育プログラム「勝間塾」を主宰するかたわらで、東京・五反田にセミナールーム＆キッチンスタジオ「クスクス」をオープン、麻雀のプロ資格を取得するなど、活躍の場をさらに拡大中。2019年春からYouTubeチャンネルを開設し、専門知識をフル稼働させた節約法をはじめ、自身の体験と研究に基づく家事の時短術や家電選びのほか、やる気にさせる人生相談アドバイスも人気。『勝間式食事ハック』（宝島社）、『勝間式超ロジカル家事』、『勝間式超コントロール思考』（小社刊）など、著作多数。

アチーブメント出版

[twitter] **@achibook**

[facebook] **http://www.facebook.com/achibook**

[Instagram] **achievementpublishing**

ラクして おいしく、太らない!

勝間式超ロジカル料理

2020年(令和2年)3月4日 第1刷発行
2020年(令和2年)3月22日 第2刷発行

著者 勝間和代
発行者 塚本晴久
発行所 アチーブメント出版株式会社
〒141-0031 東京都品川区西五反田2-19-2 荒久ビル4F
TEL 03-5719-5503/FAX 03-5719-5513
http://www.achibook.co.jp

装丁 アルビレオ
本文デザイン 田中俊輔(PAGES)
撮影 公文美和
料理スタイリング さくらいしょうこ
ヘアメイク 佐藤美香
校正 株式会社ぷれす
編集協力 茅島奈緒深
編集 木村直子
印刷・製本 株式会社光邦

ISBN 978-4-86643-065-2